わたしの神聖なる女友だち

四方田犬彦
Yomota Inuhiko

a pilot of wisdom

目次

だってあなたの運を開いてくれるのは
きっと女ですからね。
あなたは男には
いつもきらわれるでしょう。
散文的な心からみると、
熱がありすぎるんだもの。

スタンダール『パルムの僧院』（大岡昇平訳）

佐伯順子

男と女の間には友情はなりたつのだろうか。男は女のどこに学び、どこに敬意を抱きつつ、自分を造り上げていくのだろうか。花火のような恋愛とはまったく違った形で、両者は純粋な信頼関係を生きることができるだろうか。

わたしはこうした問いを前に、自分がこれまでに出逢《であ》った女性の友人たちのことを考えている。

本書のエピグラムに引いたのは、スタンダールの『パルムの僧院』のなかで、ナポレオンの軍隊に入りたくてしかたがないファブリス少年に向かって、叔母の公爵夫人が涙ながらに訴える言葉である。高校生のわたしはスタンダールが大好きだった。こんなすばらしい小説を書く人が、どうして実生活では失恋の連続だったのだろうと思うと、人生は不条理（わけがわからない）という気がした。ひょっとしたらわたしもまたファブリス君のように、稚《おさな》くして熱っぽい少年であったかもしれない。ああ、こんなステキな叔母様がいらしたらなあ！

そのわたしを落ち着かせ、無事に地上に着地させ、これからも続く人生にあって、星辰《せいしん》を仰ぎ見るほどに教えてくれた聡明な女性たちについて、わたしはこれから書いておきたいのである。

佐伯《さえき》順子さんに初めて会ったのがいつのことだったか、思い出そうとしているのだけれど、うまく思い出せない。

わたしと彼女はサントリー学芸賞をいっしょに受賞している。そこで授賞式が過ぎてしばらくした後、同時受賞した政治思想史家の原武史《たけし》さんと三人で食事をしようということになった。原さんはそのころ山梨の大学に勤めていて、中央線で東京まで駆け付けて来られるという。ところがあいにくひどい雨嵐となった。どこでどう行き違いがあったのか、今となっては筋道を辿《たど》ることができないのだが、わたしと順子さんはいつまでも止《や》まない降りのなか、芥川龍之介の「羅生門」のように、どこか外の寂しいところで彼を待っていたことを憶《おぼ》えている。

しかしそのときはたしか、わが家で冬になると人を呼んで開くスッポン鍋会の話をしていたはずだ。だからわたしたちは、すでに親しく話し合う仲になっていたはずである。宴がたけなわのころ、彼女が鍋のなかから亀の首を箸で取り出してしまい、それを見たまわりの客たちが拍手をしている写真が、わが家には残されている。ということは、最初の出逢いはこの羅生門事件よりははるかに前であったということだ。

いったいいつだったのだろうか。大学院のゼミの教授の家で開かれた新年会の席上だったかもしれない。小田急線沿線の梅ヶ丘駅前にあった小さな出版社？　あるいは国際交流基金が開いた日本文学のシンポジウムでの昼休み？　最後にいっしょに参加した学会のことは憶えている。コロンビア大学ドナルド・キーン・センターで開催された「忠臣蔵」３００周年記念学会で、ばったり会ったのだ。しかし始まりがどうだったのかを思い出そうとするとそれができない。ただ記憶に残っているのは、最初に会ったときから彼女に親しみを覚え、何も緊張することなくお喋《しゃべ》りをすることができたということである。

佐伯順子とわたしは大学こそ違ったが、同じ大学院に学んだ。学年はわたしの方が数年上なのでゼミで同席したことはなかったが、彼女が書き上げた修士論文は教授たちに高く評価され、たちまち中央公論社（当時）から刊行された。『遊女の文化史』である。コロンビア大学に留学していたわたしは、それをニューヨークの紀伊國屋書店で発見した。めっぽう面白い本だったので、あっという間に読んでしまった。

上代から江戸まで日本の「遊女」が辿って来た変遷を論じるにあたって、まず冒頭でホイジンガが引かれている。読み進めていくと、フレイザーが出て来たり、ミシュレが引かれていたりする。映画でいうならば、思い切ってロングに引いていた画面が突然クローズアップになり、インサートショットがどんどん入って来るという自在な書きぶりだ。自分が知っていること、考えてみたことを、一つも臆することなく書物のなかに投げ込んでいる。

一般的に修士論文というのは博士論文とは違い、ちょうどデビュー当時の弘田三枝子のように元気潑溂《はつらつ》としているのが理想的である。後に研究者として大成する際に露《あら》わになるさまざまな主題が、そこに萌芽《ほうが》として隠されていて、そのため論文が少し膨らみすぎているくらいが望ましい。『遊女の文化史』はまさにそのような論文であった。ホイジンガが登場するのは、卒業論文の主題であったからと、後で知った。彼女はこの書物を出発点として、ずっと後に『「色」と「愛」の比較文化史』や『「愛」と「性」の文化史』を世に問うことになった。

わたしはここで文化研究家としての佐伯順子を論じたいわけではない。わたしの目下の関心事は、わたしが彼女に感じる親密感がいったい何に由来していたのだろうということである。

あるとき謎が解けた。何かの話の途中で、わたしたちが同じ小学校の出身であることが判明したのである。えーっ、まさかあ？　そういえばどことなく順子さんの話しぶりには、わたしが幼いころから聞き親しんでいた、阪急沿線の大阪弁の響きがある。なんだ、そうだったのかあ。それ以来、彼女はわたしのことを「先輩」と呼ぶようになった。なんだか不思議でおかしい。

わたしは1959年4月、大阪北摂の地、箕面市《みのお》は桜井にある南小学校に入学した。しばらく前のベビーブームの時期に建てられた学校で、わたしは七期生に当たる。

木造三階建ての校舎がいくつも並び、靴箱の臭いのする廊下は薄暗かった。教室の片隅には「世界の偉人伝」が並んでいる。ヘレン・ケラー、エジソン、ベーブ・ルース、ゲーリッグ……どれもアメリカ人の伝記ばかりなのは、わたしが入学する少し前まで日本に進駐していた連合国軍の示唆によるものだろう。給食は脱脂粉乳と食パン。しばらく前までは米を食べると頭が悪くなるとか、貧乏人は麦を食えといわれていた。

1年生の最初の授業が終わって帰宅しようとしたときのことはよく憶えている。学校の正門の脇に大勢の子供たちが群がっていた。一人の男が地面に布を拡《ひろ》げ、言葉巧みに鉛筆を売っている。今日は美智子さんと皇太子殿下が結婚するおめでたい日だよ。この鉛筆は今日買っておかないともう二度と買えないよ。男が差し出す鉛筆の背には金文字で「皇太子殿下御成婚記念」と記されてあった。子供たちは争って鉛筆を買っていた。わたしも買った。生まれて初めてお金というものを使ってみたのだった。もっとも鉛筆は粗悪品で、家に帰って小刀で先を削ろうとしても、黒い芯が脆《もろ》く折れてしまい、実用にはならなかった。

南小学校のことで憶えているのは校歌である。わたしは今でも「日は高し　みどりの園生《そのう》雲はゆく　はてしなき空」と始まる文語調の歌詞を、空《そら》で二番まで歌うことができる。わたしが人生で最初に暗誦《あんしょう》した詩だった。おそらく順子さんにとっても同じだったはずだ。ずっと後になって作詞者が小野十三郎《とおざぶろう》であったと知ったとき、わたしはそれを誇りに思った。歌詞には「園生」や「学《まな》び舎《や》」「山は冴《さ》ゆ」といった、とても6歳の子供には理解できそうもない言葉が用いられている。詩とは日常のお喋りとは違って、威厳あるものでなければならないという真理を、わたしはそこから学んだ。

わたしはこの南小学校に4年生まで在学し、その後、サラリーマンだった父親の転勤の都合で東京へ移った。東京で最初のオリンピックが開催された前年のことである。入れ替わるようにして順子さん一家が、東京から桜井に越して来た。桜井駅は梅田駅から小豆《あずき》色の電車に乗れば30分もかからない。かつては街道筋に宿屋が並ぶ農村地帯であったが、1960年代には大阪市内に通勤するサラリーマンとその家族のための、近郊の住宅地となろうとしていた。

南小学校の思い出話に興じているうちに、わたしたちは驚くべき事実を発見した。なんと順子さんが住んでいた家は、わたしの家から直線距離にして30メートルも離れていないところにあったのだ。路地の突き当たりにあるわたしの家から舗装された大通りに出る。左に向かって二軒目の植木屋さんの角を曲がり、10メートルほど進んだところに彼女の家はあった。三角形の地所にショートケーキのように建っている家だ。彼女はそこに6歳のとき、引っ越して来た。

わたしはその家のことをよく知っていた。いや、知っているなどという話ではない。二日に一度は家に上がり込み、玄関から居間を抜けて子供部屋に入っては遊んでいた。同級生のなかで一番仲の良かった江崎たかし君の家であったからである（この文章をひょっとして彼が読んでくれるのではないかと思い、ここにあえて名前を出しておきたい）。

敷地の端っこにある花壇にパンジーを植えるのを手伝ったこともあったし、たかし君のお母さんが焼いてくれたホットケーキをいただいたこともあった。隣の家にも、その隣の家にも同じ小学校に通う子供たちがいて、夏ともなれば総出で桜通りに出て、桜の幹に止まっている蟬《せみ》を網で捕まえて遊んだ。桜通りは会社の社長クラスの邸宅が並ぶ通りで、後に富岡多恵子さんの家がその一つであると知った。

ガールスカウト時代の佐伯順子さん
（著者所蔵）

推理するに問題の家は、たかし君のお父さんが転勤で東京に行くことになり、その後に同じ会社に勤めている順子さんのお父さんが一家を連れて入居したということではなかっただろうか。わたしは想像する。たかし君と真剣な顔で郵便切手の交換をしたり、創刊されたばかりの「週刊少年サンデー」をいっしょに読んでいた子供部屋に、後になって幼い順子さんがやって来て勉強したり、ひょっとしてお人形遊びなどをしていたということか。

だがわたしと順子さんにはもう一つ秘密があった。二人ともボーイスカウトとガールスカウトの箕面第一団に所属していたのである。

ここで正確に記しておくと、英国発祥のこの少年少女組織は、男子の場合、小学校の3年生から5年生までがカブスカウト、それ以降がボーイスカウトと、年齢別に分かれている。女子は小学校1年生から3年生までがブラウニースカウト。それ以降がジュニアスカウトである。わたしはカブスカウトに2年間所属していた。

入団式は夜にキャンプファイアーを焚《た》いて、その前で宣誓をする。月に2回、日曜ごとに集会に参加する。その日になると朝から青い制服を着、黄色いスカーフを首に巻いて近くの神社の傍《そば》の集会場に集まる。団員どうしが会ったときには右手の人差し指と中指でVサインを作り、きちんと敬礼をする。

春は神社の掃除。夏はサマーキャンプ。秋ともなれば桜井駅前で赤い羽根の共同募金。冬には拍子木を叩《たた》いて町中を廻《まわ》り、「火の用心」を呼びかける。ロープの結び方を習得したり、テントの張り方を覚えたりすると勲章がもらえる。勲章をいくつも制服の胸のあたりに縫い付けてもらい、それを着て集会に参加するのはいい気分だった。制服が西部劇に登場する騎兵隊のそれに似ていることも、それに与《あずか》っていた。制服を着て町中を歩くと、自分が単なる小学生の子供ではない、何か特別の人間になったような気持ちになった。

順子さんの場合には、ブラウニーに始まってジュニアまで、わたしよりも長くスカウト活動に参加していた。その分、わたしよりもはるかに豊かな体験をしている。夏になると長野の戸《と》隠《がくし》でジャンボリー（大集会）があり、全国から少女たちが結集してくる。ときに貴賓として美智子妃殿下が来席したこともあり、遠くからではあったが彼女の姿を認めたという。冬には「兎狩《うさぎが》り」と称して野遊びがあり、夏は夏で琵琶湖《びわこ》でのキャンプ……。お互いに小学生時代のスカウト生活の思い出話をしていると、どんどん時間が経《た》ってしまう。

10歳のわたしにとって月に2回、青い制服を着ることは、特権的な悦《よろこ》びであった。それは近所の蟬捕り仲間の子供たちや小学校の同級生たちがまったく知らない世界だった。同じ制服の少年を見つけると、どこにいようともただちに敬礼を交わし合う。見知らぬ者どうしであっても、そこには制服を介して同志愛が存在していたのだ。それではもしわたしが1930年代のベルリンで、また1950年代のモスクワで少年時代を過ごしていたら、ヒトラーユーゲントやピオネールに率先して加わろうとしただろうか。入団できたかどうかは別にして、それは充分にありえたことだろう。順子さんはどうだろうか。今度、その話をしてみたい。

そういえば、ここまで書いてきて思い出したことがあった。知り合って間もなくのことだったと思うが、いっしょに自衛隊に体験入隊してみないかと、彼女から誘われたことがあった。話を聞いてみると、すでに2回にわたって体験入隊をしたことがあるという。

いったいどんなことをするわけ？とわたし。すると彼女の説明。

民間人の入隊は2泊3日が基本的なコースで、まず初日はヴィデオで自衛隊の沿革について説明を受けた後、敬礼の仕方や階級の見定め方についてレッスンを受ける。翌日には実地の訓練となり、匍匐《ほふく》前進やら、柱を登るといった作業をする。3日目は入隊体験についての感想を話したり、いろいろなレクチャーを聞いて入隊体験証を受け取る。大切なのは上下関係を厳密に守ること、規律正しく行動すること、敬礼を忘れないことであると、彼女はわたしに話してくれた。

でも、どうして2回も自衛隊に？と、さらにわたし。

三島由紀夫の小説が好きだったから。三島さんが体験したことを自分も体験したら、より作品を深く理解できると思ったからと彼女。そこでさらに深く尋ねると、鶴見俊輔や多田道太郎の現代風俗研究会に入会していたとき自衛隊の話になって、面白そうだから入隊してみたとの答えが戻ってきた。初めて体験したときは、なんだかガールスカウトのときに似ているなあという感想をもったという。でも2回とも似たようなことばかりだったので、なんとか3回目は別のことをさせてもらいたいと希望しているようだ。

　わたしはすっかり感心してしまった。とにかく彼女は物怖《ものお》じしないのだ。先入観をもたず、ものごとに直接に向かい合っていく。韓国とイスラエルという、世界でもまれに見る重い徴兵制度のある社会に滞在したことのあるわたしは、日本人としてのわたしの世代の一番の弱点が、実は軍隊であることを知っている。軍隊を嫌いだと発言することも、自衛隊を違憲だと叫ぶことも、民主主義の日本では自由であっていいと思う。だがその前に、われわれは軍隊についていったい何を知っているのだろう。順子さんに体験入隊を誘われたとき参加していればよかったと、わたしは今では少し後悔している。

　順子さんとのことでは、実はもう一つ心残りがある。いっしょに泉鏡花について本を書こうと約束しておきながら、その任をいまだに果たしていないことだ。

　わたしがまだ大学に勤めていたころのことだが、彼女はそのことでわたしの研究室にやって来たことがあった。そのころわたしは新派劇が日本映画に与えた影響について論文を準備しており、鏡花の故郷金沢で「泉鏡花映画祭」と称し、彼の原作によるメロドラマ映画を次々と上映し討議を重ねるという企てを、何年にもわたって続けていた。二人で話している間に文学と映画の双方からこの大小説家を論じようということで盛り上がり、いつか共著をという話になった。

これはわたしの怠惰でいまだに実現していない。わたしが東アジアの映画に夢中になり、それが昂《こう》じてタイへ、パレスチナへと映画的「流浪」を続けているうちに、彼女はさっさと鏡花から寺山修司にいたる映像の幻想性をめぐって、一冊の書物をものしてしまったのである。わたしが鏡花に到達できる日はいつになるのだろうか。

多くの人が佐伯順子の知性を賞賛している。彼女の文化に対する探究心に注目し、史料への想像力の豊かさと論理の確かさを讃《たた》えている。だがわたしはもっと別のことを書いておきたいと思う。彼女の本質にあるのは勇気であり直截《ちよくせつ》さである。そして天性ともいうべき思考の清潔さである。

宮田まり子

宮田まり子はわたしの人生のなかで、わたしを最初に名前で呼んだ女の子だった。
ゴーキくん、大学の専攻は、人類学と心理学のどっちがいいと思う？
ゴーキくん、クリームの２枚組もってたら貸してくれない？
ゴーキくん、こないだ連れてた彼女。あんなの、ヤメにしたら？

ゴーキはわたしの本名である。父親がマクシム・ゴーリキーというロシアの小説家が好きで、信じられないことにその名前を日本風に漢字にして子供につけてしまった。こんな変な名前をもって育ったので、中学でも高校でも、誰もわたしを姓で呼ぶものはいなかった。中高一貫の男子校である。教室では教師までがわたしをゴーキと呼んだ。
宮田まり子はどうしてわたしを名前で呼んだのか。理由は簡単で、リラダンに傾倒していた高校時代の同級生が、わたしをそう呼んでいたからだ。ひょっとしたら彼女は最初のうち、それがわたしの姓だと勘違いしていたのかもしれない。

　わたしはかまわなかった。両親の離婚をめぐる調停が長らく続いている。子供のわたしには、自分の姓がこれからどうなるのか見当がつかない。子供のころからいつか姓が変わるだろうと漠然とは予感していたが、そんなことをいちいち説明したところで、誰が個人の家庭の事情に興味をもってくれるというのか。わたしは姓で呼ばれることが嫌いだった。名前の方が気楽だったし、事実、呼ばれていた。

　わたしは宮田まり子を何と呼んでいただろう。「お宮」である。まわりの誰もがそう呼んでいたから、それに倣《なら》っただけのことだ。「まり子さん」とか「まりちゃん」と呼ぶ者はいなかったし、彼女もそう呼んでほしいとはいわなかったと思う。なぜそうなのか。わたしは何も知らなかった。

「お宮」は男の子たちのアイドルガールだった。男の子たちというのは先にちょっと書いたリラダン愛好家の友人を中心に、飯田橋の日仏学院にフランス語を習いに行っている何人かである。慶應義塾に通いながら新左翼の活動をしている者もいたし、自分の洋服はかならず自分で仕立てるという主義の者もいた。みんな大学の1年生だった。ただわたしだけが受験した大学のすべてに落ちてしまい、日仏学院の近くにある予備校に通っていた。つまんねえなあ。習い覚えたばかりのフランス語を口にしている友人たちが眩《まぶ》しく見えた。その中心にあって、ジーン・セバーグのように髪を短くし、飯田橋のお堀端を闊歩《かっぽ》しているのが、東大生のお宮だった。

お宮のファッション。あれはどういったらいいのだろう。真っ赤なパンタロンを穿《は》いていたこともあったし、中国の人民帽のような青いキャスケットを被《かぶ》っていたときもあった。手元に一枚の写真もないので、朧気《おぼろげ》な記憶を弄《まさぐ》るしかないのだが、とにかく目立つ格好だった。お嬢様ファッションとは似ても似つかない。そう、一番雰囲気として近いのは、その当時大橋歩《あゆみ》が描いていた「平凡パンチ」の表紙絵の女の子。ずっと後になって大橋歩の画集を手にしたとき、わたしはそう感じた。お宮って、こういう感じだったんだよなあ。

みんなでいったい何をして遊んでいたのだろう。誰もお金はなく、その代わりに時間だけはたっぷりあった。渋谷の道玄坂の奥にあるジャズ喫茶を梯子《はしご》したり、新宿の名画座で3本立てを見たり、とにかくお宮を真ん中に、四、五人で夜の新宿の街角を歩いているだけで、誰もが上機嫌だった。

そう、夜は甘美だった。守護神はゴダールとバタイユ。それに少し経って、「ラジオのように」という不思議なシャンソンを歌うブリジット・フォンテーヌが加わった。どんな人間にも、一生に一度はすべての外界を否定したくなる時期があり、その至高のときこそ決定的な瞬間ではないだろうかと、一人がいった。すると傍にいたリラダンが、そんなことはもうとっくにブルトンがいってるよと茶々を入れた。

　お宮は上野高校出身だった。ということは東京でも東側がテリトリーで、西側、それもほとんど井の頭線の沿線しか知らないわたしとは対照的だった。違う電車、違う街角、つまり違う東京に生きていた。高校でバリケード封鎖がなされ、生徒たちが自主ゼミを始めたとき、彼女は率先してヘミングウェイを原書で読むことを提案した。上高の水泳部って面白いのよねえ。あんな変な格好をして一生懸命練習に励むんだから。ゴーキくんにも一度見せてあげたいくらいよ。わたしは彼女から何回も水泳部の話を聞かされた。彼女は思い出すだけでも楽しいのだろう、いつも笑っていた。笑うと、眼《め》の下にある微《かす》かな雀斑《そばかす》も、いっしょに躍《おど》っているような気がした。

　どこかで遅くまで呑《の》んでいてあまりに盛り上がってしまい、みんなでもっと呑もうということになった。だったらわたしの家に来たらと、お宮がいった。自分の部屋は母屋と別の離れだから、朝まで騒いでいても大丈夫だという。

　電車をどこでどう乗り換えたのか。ほとんど記憶がない。ただ自分が一度も乗ったことのない路線に入り、高台にあってひどく狭いプラットホームに降りたことは憶えている。その当時は自動販売機で、２００円か２５０円のポケット・ウイスキーを買うことができた。わたしたちは「燃料」を仕入れると、薄暗い路地を辿ってお宮の家に到着し、彼女の勉強部屋でふたたび呑み出した。本棚の脇に薄っぺらい雑誌が何十冊も積み上げられている。お姉さんが大学の文学仲間といっしょに始めた同人誌だと、彼女はいった。

　翌朝遅くになって目覚めたわたしたちは、二日酔いの頭を抱えながら鉄道駅へ向かった。ご両親に挨拶をしただろうか、その記憶がない。お宮はといえば、アルバイトがあるからと、眠っているわたしたちを置いて先に出て行っていた。彼女は有楽町にある「ウィーン」というケーキ屋さんで、ウェイトレスのアルバイトをしていた。

　翌年の3月、わたしは大学の入学試験に合格した。といっても強烈な悦びを感じたというわけではない。ああ、これでもう受験のことを気にせず、気楽に映画館に足を運んだり、好き勝手に本が読めるという、漠然とした解放感を手にしただけだった。合格発表の日、大学の正門前にはリラダンがいて、アジビラを配っていた。彼はわたしの姿を発見するとニヤッと笑った。額には傷があった。こないだミンコロの投石を喰《く》らっちゃったよと、彼は照れくさそうにいった。

　二日ほどしてお宮から電話がかかってきた。合格のお祝いを渡したいから出てこない？といぅ。わたしたちは大学の近くにある駒場公園で待ち合わせた。公園は高校時代に8ミリを撮ったり、隣接の日本近代文学館で本を読んだり、わたしには親しいところだった。

　彼女は真っ赤なブレザーとパンタロンを身に着け、大きな紙袋を提げてやって来た。わたしたちは洋風庭園のベンチでお喋りをし、渋谷まで歩いて行って食事をした。彼女はわたしに会う前に道玄坂のヤマハに寄って、レコードを見繕ってきたのだった。ほら、これってゴーキくん、欲しいとかいってたじゃない。紙袋のなかにはジョージ・ハリスンの、バングラデシュ救済コンサートのライブ盤3枚組が入っていた。信じられない！　こんな高いものを！

その日は夜の11時ごろまで、道玄坂のジャズ喫茶でお喋りをした。彼女はもうすぐ大学での専攻を決めなければいけないといい、人類学か心理学のどちらにしようか迷っているところだった。きっと人類学の方が面白そうだよ。アフリカとかアマゾンとか、世界のあっちこっちに行けるじゃないと、わたしはいった。高校時代にレヴィ＝ストロースの『悲しき熱帯』を読んだときの興奮がまだ残っていたのである。

「もうそろそろ帰らなくちゃ。」とお宮はいった。「これからミンダンのお金をもらうために、書類をいっぱい書かなくちゃいけないのよ。」

「ミンダンって何？」

「だからミンダンっていうのがあるのよ。わたし、ミンダンなのよ。」

初めて耳にする言葉に当惑しているわたしに向かって、彼女は説明をした。

ミンダンとは正式名称を「在日本大韓民国居留民団（当時）」といい、日本に住んでいる韓国人のための団体である。この団体の奨学金制度に申請してそれが受理されれば、お金が下りて来る。わたしは姉と共有ではなく、自分専用のステレオを買うことができるのよ。

　わたしがそれでも理解できていないと知った彼女は、「ほら、これ見せてあげる。」といって、定期券入れから自分の学生証を取り出してみせた。「ねっ、ちゃんと金吉順って書いてあるでしょ。わたしの本名よ。」

「へえー、お宮って外国人だったんだ。」

「韓国人よ。」

「でもみんな知ってるの？」

「ううん、誰も知らないわ。いってないから。」

　お宮はいつものように雀斑を躍らせながら答え、話はそれで終わりだった。

　韓国人といわれても、わたしには何も頭に浮かぶものがなかった。わたしはその夜、お宮が自分とは違う世界に生きてきたと知らされたのだが、それについてどのような感想を彼女に告げればよいのか、皆目わからなかったのである。

　一つ気になったことがあった。どうして彼女は、いつもの仲間たちに話していない秘密をわたしに語ったのだろう。わたしたちは思いつめるような特別の男女の関係にあるわけではなかった。そして彼女にしても、一大決心をしたかのように、わたしに向かって告白をしたというふうでもなかった。何かの拍子に、そういえばといった口調でミンダンの名前を出し、自分が韓国籍だといったのだ。

大学に入ってからも、お宮との付き合いは続いた。だが上野高校の水泳部の話は出ても、韓国のことが話題になることは絶えてなかった。彼女は人類学を選び、わたしは宗教学を選んで、遠く離れた大学校舎に通うことになった。彼女を囲むグループは自然消滅し、わたしはいつの間にかお宮と疎遠になってしまった。やがてわたしは風の便りに、彼女が人類学科の同級生と結婚したことを知った。


20年近く経って、突然に手紙が舞い込んだ。ギザギザのある薔薇《ばら》模様の便箋5枚に、びっしり文字が記されている。差出人の名前に見覚えがなく、切手には福岡の消印が押されている。封筒も便箋もひどく少女趣味だ。いったい誰が送ってよこしたのか。

しばらく文面を読んでいるうちに、お宮からの手紙だと判明した。結婚して姓が変わっていたので、すぐには気が付かなかったのである。気合を入れてちゃんとした手紙を書こうと思い、ワープロに向かったのが間違いのもとで、論文のようになってしまった。いつまで書いても終わらなくなったので、それを中断し、娘のレターセットを借りて書いたとある。薔薇模様の便箋というのはそういうわけだったのだ。

お宮はわたしのエッセイ集を読んだのだった。中学3年の息子さんといっしょに読み、内容について討議し合ったという。手紙にはそうした身辺雑記の後に、在日朝鮮人をめぐる彼女の考えが、きわめて落ち着いた口調で記されていた。

自分は中心と周縁とか、境界といった流行語を軽々しく口にする小説家も人類学者も、あまり信用したいとは思わない。あの人たちは自分がマイノリティの側に立っていると思いたいだけのことで、周縁論を実体化してしまい、それがモデルにすぎないことを忘れてしまっている。自分たちが中心にいることを疑ってもいないから、ニューヨークに行ったりトルコに行ったりする。それでいてたまたま運悪く朝鮮人として生まれてきた者たちには、周縁に留《とど》まって中心を「活性化」せよと命令しているのだ。だいたいこのようなことが、手紙にはすごく真面目に書かれていた。

わたしはびっくりした。あのお宮がこんなことを書いてきたのだ。そこでさっそく返事を添えて、自分の新しい本を送った。

けれども実をいえば、もっと驚いていたのはお宮の方だったかもしれない。というのも、大学を出たわたしはまったくの偶然から軍事独裁政権下のソウルの大学に日本語教師として雇われ、それ以来、韓国との間に運命的な深い絆《きずな》を感じるようになったからである。わたしはハングルを学び、東京での韓国映画上映活動を行ない、在日韓国人文学について発言を重ねてきた。ミンダンって何?と素朴な質問をしていた19歳の男の子が、20年ほどの間に、従軍慰安婦問題を論じ、朝鮮学校非無償化問題を論じる文筆家になったのだ。

何年か文通が続いた。お宮は福岡の大学で人類学の教鞭《きょうべん》を執りながら、大阪・猪飼野《いかいの》に住む在日朝鮮人古老の調査をし、「本名宣言」の意味を問う論文を執筆した。まさに精力的な活躍だった。わたしは二度目のソウル長期滞在の後でその印象を新書判の書物に纏《まと》め、彼女に送った。だがそれが最後だった。わたしの知らないところで彼女は癌《がん》に倒れ、50歳で身罷《みまか》ってしまったのだ。ゴーキくんの本は新書判だから、軽くて寝台に横になっていても読めるからいいわと、周囲にはいっていたという。

お宮の死を知らされたわたしは、改めてその本名である「金吉順」という名に思いを寄せていた。彼女は「きんきちじゅん」と日本風に発音したが、後に韓国語を学んだわたしは韓国語で読むことができる。「吉」といい「順」といい、解放後の韓国では時代遅れになった感のある名前だ。キム・キルスン。なんと平凡な名前だろう。今のわたしは、1951年に彼女の両親が、生まれたばかりの娘にこの名前を与えたときの光景を想像している。お宮のようにトレンディなファッション感覚をもち、ゴダールとブリジット・フォンテーヌが大好きという19歳の女性が、こんな地味な名前であっていいのだろうか。でも、それでは「宮田まり子」はどうだったのだろう。彼女はこの通名をどう思っていたのだろう。

彼女はわたしを本名で呼んだ。わたしは彼女を本名で呼べなかった。だが本当の名前とはいったい何なのか。

お宮について、以前にも、高校時代の思い出を書いた『ハイスクール１９６８』のなかで少し触れたことがあった。あのころの彼女について自分が書かなかったとしたら、彼女の顔にあふれていた生の輝きについて、誰が書くのだろう。彼女が人生に対して抱いていた期待について、世界中で記憶する人がいなくなってしまうのではないかという気持ちに囚《とら》われたからだ。お宮はわたしにとって最初の在日韓国人の友だちだった。もっとも当時のわたしはその意味を理解しておらず、愉《たの》しいお喋りはできても、本当に深いところで彼女の心を覗《のぞ》き込むことができなかった。

ずっと後になって、鈴木道彦先生がプルーストの『失われた時を求めて』の個人全訳を文庫にするにあたり、人を介し、そのある巻の解説執筆をわたしに求めてこられたことがあった。鈴木先生はプルーストの研究者でありながら１９６０年代から70年代にかけて金嬉老《キムヒロ》の法廷闘争に積極的に関わり、反戦運動に参加された方である。わたしは遠くから敬意を抱いてきたが、直接にお会いしたことはなかった。そのプルースト学の泰斗《たいと》がどうしてフランス文学専攻でもないわたしを文庫解説者に選ばれたのだろう。わたしは理由を知りたいと思い、一度先生にお会いしたいと申し上げた。

「わたしの家内は、上野高校で宮田まり子の親友でした。」

おずおずと名刺を差し出したわたしに向かって、鈴木先生は端的にそういわれた。

ああ、そういうことだったのか。わたしはただちに合点がいった。先生はおそらくわたしの『ハイスクール１９６８』をお読みになり、その巻末に彼女への言及があることに気を留められ、わたしにプルースト解説を求められたのだろう。

わたしとお宮は（もちろん時代のファッションとして）ゴダールやサルトルの話はしたことがあったが、プルーストの話をしたことはあっただろうか。したかもしれないし、しなかったかもしれない。とはいえわたしは、見えないところで円環が閉じたような気がした。宮田まり子のことを記憶に留めている人に会えたことで、心の慰めを感じたのである。

カズコ・ホーキ

大学1年生のときである。わたしは男子が三十人ほど、女子が八人のクラスで初級フランス語を習っていた。教室では前学期に文法をさっさと終えてしまうと、後学期はさっそく小説を読み出した。教材はヴァレリー・ラルボーの「ドリー」という短編小説である。

イギリスの高級保養地にドリーという少女がいて、語り手の青年「わたし」は彼女にフランス語を教えている。ドリーは有名な映画女優の娘なのだが、結核なのでずっとホテルに閉じこもり、ひどくわがままだ。そこで「わたし」はエルシーという工員の娘を連れてきて、友だちにさせようとする。けれどもドリーは病状が悪化し、12歳で死んでしまう。

あるときドリーが、「公園の入場料ってたった1ペニーでしょ、安いじゃないの。」といった。エルシーはびっくりして、「でもママがいってたわ。1ペニーって半ペニーの倍ってことよ。」

「わかったわ。でも、それってヴュルゲールな冗談ね。」とドリー。

授業でこの箇所を訳すよう指名された学生は、どうしてもこの「ヴュルゲール vulgaire」が訳せずにいた。辞書には「俗悪な」「卑俗な」「通俗の」といった訳語が並んでいる。しかしいくら金持ちの娘だとはいえ、12歳の少女が口にする言葉ではない。教師はいらいらしながらさらに何人かの学生を指したが、誰も上手に日本語にすることができないでいる。すると教室の後ろの方にいた女子学生が、「先生、『町の人のいい方よ』というのではどうでしょうか。」といった。どちらかというと地味な雰囲気の、小柄な学生だった。教師はようやく満足した顔を見せ、テクストは先に進むことになった。

わたしは驚嘆していた。「町の人のいい方」という表現を、これまで耳にしたことがなかったからである。もちろん意味は理解できる。ただこうした言葉遣いに言語の階級性を平然と読み取ることのできる人間に興味をもったのである。いったい彼女はどんな暮らしをしてきたのだろう。ひょっとして「町の人」とはまったく関わりのない環境で育ってきたのかもしれない。

わたしはこうして法貴和子と言葉を交わすようになった。ホーキって漢字でどう書くわけ?「法律の『法』に貴族の『貴』よ。」と、彼女はスラスラと答えた。

翌年の夏、わたしは彼女に暑中見舞いの葉書を出した。ただちに返礼が来た。「通せんぼはいけないことだと思います。住所かいてください。和子」と文面にあった。

秋になってわたしは彼女の家に招待された。「田園調布の駅を降りたらすぐのところよ。」と、彼女は簡潔にいった。「でもそれだけじゃわからないよ。」とわたし。答えがふるっていた。

「駅の改札を出たところに交番があるから、お巡りさんに、田園調布で一番大きい家はどこですかと聞いたら、即座に教えてくれるわよ。」

冗談だろ？「一番大きい」なんてどうしてわかるのだろう。けれども実際に改札を出てみると、なるほど大きなお屋敷だった。田園調布の駅のそばにある派出所に尋ねると、警察官がすぐに目の前のお屋敷を指差した。表札には「法貴」とある。チャイムを押すと法貴和子が出てきた。わたしは食堂へ通され、お母さんに紹介された。しばらくして晩餐《ばんさん》が始まった。

お母さんは愉しい人だった。初対面のわたしに向かって自分の夫がいかに男前であったかを、笑い転げながら説明してくれる。「もうそれがねえ、結婚したときにうちの夫があんまり美男子だったものだから、わたしはねえ、もう一生、顔を見ているだけでご飯が食べられそうで、もうオカズなんて作らなくてもいいわ、なんて思ったりしてたのよ。」話を聞いているうちに、こちら側も幸せになってくるような話し方である。

「ところでお母さん、ここにいる人はどちらの方なの。」和子が尋ねた。初めての客であるわたしには知るよしもなかったが、広い食卓に着いている何人かのなかに一人、彼女の知らない若い女性が交じっているらしい。

「ああ、この人ね。」お母さんがこともなげに答えた。「用事で出かけて渋谷からの帰りに田園調布の駅で降りたら、この人がポツンとプラットホームに立っていたのよ。なんだかいかにも寄る辺なさそうなので声をかけたら、田舎から家出をして来たところで、行くところがないんだって。かわいそうだから、うちにご飯食べにいらっしゃいって、連れてきちゃったのよ。しばらく置いてあげようよ。」

「なんだあ、そうかあ。」和子はまったく動じていない。きっとこの家ではこういうことはよくあるのだろうと、わたしは思うしかなかった。

お母さんは雪子《ゆきこ》さんといい、東京家裁の調停委員を長く務めながら、生長の家の白鳩《しろはと》会支部長を務めていた（後になってわたしは彼女から『お答えします』という著書を署名入りでいただいた）。三島由紀夫が割腹自殺をしたとき、涙を流しながら家に戻ってきたのを娘の和子が見て、てっきりお母さんは三島さんの後についていったのではないかと思ったらしい。一年忌に献歌を求められた雪子さんは、「君逝きてこのひととせをすべもなく過ごせし我れを許し給へや」と詠んだ。

だがもっと驚くべきことがあった。この雪子さんは1969年1月、東京大学の安田講堂に新左翼の学生が立て籠もっていたとき、白い割烹着《かっぽうぎ》を着て構内に入り、学生と機動隊の両方にキャラメルを配った、かの有名なキャラメル・ママの一人だったのである！

わたしはすっかり感動してしまった。なんとすばらしいお母さんなのだろう。火炎瓶と放水の危険を顧みず学生運動の現場に乗り込んでキャラメルを配り、あなたたち、喧嘩《けんか》はやめて仲直りをしなさいと叫び、三島由紀夫が憤死したと知るや、涙を流しながら帰ってくる。そして今も、家出をしてきた若い女の子を家に招き入れて、いっしょに夕ご飯を食べている！

わたしと和子は二人ともロンドンに夢中だった。わたしはアイルランドの文学について論文を書き、彼女はTVで放映の始まったモンティ・パイソンに狂喜していた。そして二人は歌舞伎町のアングラ映画上映会でマルクス兄弟を発見し、たちまち夢中になった。「シネマグラ」という映画同人誌を創刊したとき、創刊号の編集後記を執筆したのは和子である。

学生時代に別れを告げるときが来た。わたしは外国人教師の職を見つけて韓国の大学に向かい、和子はロンドンへ向かった。別れぎわにわたしたちは一番大好きだったレコードを交換した。わたしはヴェルヴェット・アンダーグラウンドのバナナのジャケットで有名なLPを和子に渡し、デヴィッド・ボウイの『ロウ』を受け取った。どうやら和子は2週間くらいで帰るわよと、お母さんに話していたようだ。だが結局、ロンドンでイギリス人のミュージシャンと結婚し、二度と日本に戻ることはなかった。

ソウルで1年間を過ごしたわたしは、翌年ロンドンに向かった。一軒家に住んでいるからいつでも遊びに来てよと、和子にいわれていたので、それを当てにして、南まわりの各駅停車便の飛行機に乗って出かけていったのである。確かに一軒家だった。それも恐ろしく老朽化して、ところどころ床板がなく、壁から電線が飛び出しているような三階建ての建物である。和子はそこを三人の仲間とともに見つけて、ただ同然の家賃で住んでいた。ロンドンではアパート乗っ取りが「スクオッター」と呼ばれ、人道的理由から黙認されていたのだが、和子の場合には公営住宅を安く貸し出す組織から借りていたのである。もっとも事情の呑み込めないわたしは、てっきり今流行《はやり》のスクオッタリングだと思い込んでしまった。

「いい家を見つけるとまず部屋にカーテンをかけるのよ。そうしたらもう勝ちね。」と和子はいった。彼女は一年中、スリーピングバッグに包《くる》まって眠っていた。「そんなもの、もってこなかったよ。」とわたしがいうと、「隣の部屋のスーので寝るといいわ。」と運んできてくれた。スーはフライング・リザーズのデヴィッドのガールフレンドなんだけど、彼氏のところに入りびたりでいつもいないから、使ってもかまわないのだという。こうしてわたしは臨時の新しいメンバーとして迎え入れられた。共同生活の管理費として週に何ポンドかを払うか、それに匹敵する朝食用の食料を買って台所に置いておくというのが条件だった。

和子は語学学校で日本語を教え生計を立てながら、ユニークな音楽活動を始めていた。先に名を出したフライング・リザーズのメンバーをバックに歌を歌ったり、尺八演奏者と組んで不思議なバンドを結成したり、ダンサーと組んでパフォーマンスを始めたりしていた。

ロンドンでわたしは幸福だった。あの陰鬱なソウル、大統領が暗殺され、非常戒厳令のもとで生きていたソウルでの1年前と比べると、信じられない出逢いが次々と起きた。和子に連れられていったロバート・フリップのレクチャーコンサートでは、目を開かれる思いをした。ゴダールの復帰第一作というフィルムを観《み》に国立映画劇場にいっしょに出かけたときには、地下の映画書専門店でばったりゴダールと会ってしまい、しどろもどろになって言葉を交わしたこともあった。もっとも居候には居候なりに驚いたこともあった。目が醒《さ》めてみると警官らしき人物が二人、わたしの顔を覗き込んでいて、一人が「また一人増えたな。」と話しているのが聞き取れた。

やがてわたしは東京に戻り、学習塾で英語を教えたり映画雑誌にコラムを執筆したりしながら、大学院でまた勉強を続けることになった。ときおり和子から絵葉書が舞い込んだ。パリ、アムステルダム、イスタンブール……。彼女はカズコ・ホーキの名のもとにバンド活動や人形劇団の活動を続け、文字どおり世界の半分を廻っているのだった。わたしが泊めてもらった家には、後になって山海塾の面々もお世話になったという話を聞いた。

彼女は最初の著書『ロンドンの床下』（求龍堂、１９９４）のなかで書いている。

「外国に移り住むということ、異邦人になるということは、自分の肩書きやバックグラウンドを捨ててしまうことだ。時には性別や年齢さえもあいまいになってしまう。臆病だったため制約を自分でとり払うことのできなかった私は、異邦人になることで自由になった。」

あるときわたしは早朝に吉祥寺を散歩していて、大量のＬＰレコードが束ねられ捨てられているのを発見した。中身を確かめてみると、森進一や青江三奈、美川憲一といった演歌のレコードのカラオケヴァージョンである。わたしの興味を引くものは皆無だった。おそらくゴミ収集の日だというので、カラオケバアが使い古したレコードを外に出したというわけなのだろう。そのときわたしに悪戯心《いたずらごころ》が生じた。一つ、これをカズコ・ホーキに送ってやろう。ロンドンの前衛音楽シーンにいる彼女は、いったいこれをどう思うだろうか。

半年ほどして結果が表れた。わたしが送ったレコードをバンドで使ってみたところ、聴衆からすごい反応が戻ってきたという。「人生劇場」や「銀座の恋の物語」といったナンバーをカラオケで歌った。日本の伝統的音楽だと了解した者もいて、大人気となったらしい。もっとも和子本人は日本でカラオケ喫茶やバアには一度も行ったことがなかった。

1980年代初頭、ロンドンでは「カラオケ」という言葉はまったく知られていなかった。ただその当時、ヒップホップやレゲエのミュージシャンたちが他人のレコードをかけながら弾丸のように言葉を発射していく、ラップやトースティングといった音楽ジャンルは圧倒的な話題を呼んでいた。黒人男性たちがそうした形でメッセージを訴えるのなら、日本人女性がカラオケを用いて自己表現をしたっていいじゃないか。これが彼女の考えである。

カラオケが予想のほか評判になったので、今度はそれをより創造的に発展させようという話になった。和子は知り合いになった日本人女性とともに「フランク・チキンズ」というグループを結成し、フライング・リザーズの面々を巻き込んでパフォーマンスショーを始めた。メンバーはときに二人だったり三人だったり、わたしが10年ぶりにロンドンを訪れたときは二十人くらいだったこともある。たちまちジャーナリストやミュージシャンが集まってきて、ステージ評を書いてくれるわ、コンサートを企画してくれるわで、大騒ぎになった。運がいいことに、そのころイギリスは日本製品が席巻し始めた時期に当たっていた。ロンドンにもポツリポツリとカラオケバアが出現し始め、イギリス人はこの経済大国にある現代文化に少しずつ関心を寄せるようになった。歌舞伎や能といった古典的伝統文化とは違い、カラオケはイギリス人にいささかの厳粛さも要求しなかった。彼らはこの等身大の日本音楽に親しみを感じた。こうした状況がフランク・チキンズに有利に働いた。

フランク・チキンズという英語は直訳すると剝《む》き出しの鶏ということになるのだが、何のことだかよくわからない。おそらくイギリス人にしても意味を理解はできないだろう。和子はインタヴューで、それは日本の鉛筆に記されていた文字だと語っている。本当かどうかはわからないが、この命名は彼女の発想の根底にダダイズムがあるように思えて、すばらしいと思う。

フランク・チキンズは何枚ものアルバムを出し、和子はＴＶに出演し、それが好評だったのでレギュラー番組をもたされることになった。「カズコズ・カラオケ・クラブ」である。彼女はついに日本人として、イギリスのＴＶ番組で活躍した、最初のレギュラー司会者になったの

ＬＰ『We Are Frank Chickens』。右がカズコ（著者所蔵）

だ。『法貴和子、ブリジット・バルドーを唄《うた》う』というアルバムも発売された。こうなるともう冗談としか思えない。

１９８５年、ついにフランク・チキンズの東京公演が実現した。わたしは新宿のツバキハウスで初めて彼女たちのステージを観た。カズコは麺類の調理に用いる笊《ざる》を二つ頭にのせて、昆虫の複眼に見立て、東宝映画『モスラ』を題材としたオリジナル曲を歌い、縁日で売っている玩具《おもちゃ》の鳥の笛を吹きながら、往年のヒット曲「ブルー・カナリー」を歌った。日本の伝統は『源氏物語』でもゼン・ブッディズムでもなく、地震だと前説で語った後で、日本語で『エイトマン』の主題歌を歌った。圧巻は「ウイー・アー・ニンジャ」と「チーバ・チーバ・チンピラ」という、二つのオリジナル曲だった。「おてもやん」や「山寺の和尚さん」といった、日本人なら誰もが知っている旋律を巧みにアレンジした。「ピカドン」といって、広島の原子爆弾について言及しながら罵倒語を並べるという、とんでもない内容の歌もあった。わたしはこのステージの印象をもとに「国辱音楽論」というエッセイを書き、平岡正明さんのフランク・チキンズ論と合わせて一冊の書物に纏めた。黛《まゆずみ》敏郎がそれを読んで激怒したらしい。彼は「題名のない音楽会」というレギュラーTV番組で日本音楽における異国情緒を特集し、わたしを名指しして批判した。

フランク・チキンズはその後もメンバーを替え、現在も二十人を超える大グループで活動している。わたしは数年前、ロンドンで久しぶりに和子に会った。彼女は50歳を過ぎて高齢出産をし、なんと一児の母親になっていた。一軒家を改装したばかりだからいつだって泊まりに来ていいわよと、35年前とまったく同じことをいってくれたのがおかしかった。

わたしは彼女のお母さんのことを思い出した。蛙《かえる》の子は蛙なのだ。安田講堂の前で学生と機動隊の両方にお菓子を配ったキャラメル・ママの娘は、みごとにラディカルなパフォーマーとしてロンドンの地に花開いたのだ。そして母親が見知らぬ家出娘を泊めたように、娘はわたしを泊め、山海塾のメンバーを泊め、また泊まりにおいでよと声をかけてくれる。痛快ではないか。

川喜多和子

1970年10月、17歳のわたしは高校3年生で、ただ目的のない焦燥感だけをもてあます日々を過ごしていた。高校のバリケード闘争は、きわめて曖昧なまま封印されてしまった。安保条約は延長された。多くの生徒は数カ月後に行なわれる大学入試のため、受験勉強に懸命だった。わたしはすっかりそれを投げ出し、高校に通う気もなくなってしまった。午後になるといつも新宿へ出かけた。

国鉄新宿駅の東口を出るとかならず何かがあった。わたしは紀伊國屋書店裏のピットインでジャズを聴き、厚生年金会館の向かいにあるソウルイートで大音響の「アートロック」を聴いた。新宿通りを四谷の方に進んでいくと、左側にコボタンという喫茶店がある。漫画雑誌「COM」の愛読者が集う秘密めいたところで、わたしはそこでしばしば宮谷《みやや》一彦がまだ稚げな女友だちを連れているのをよく見かけた。ここでなんとか岡田史子《ふみこ》に会いたいと思っていたが、その機会は訪れなかった（彼女については次章で取り上げる）。

明治通りの伊勢丹の向かい側には、びっしり映画館が並んでいた。シネマ新宿のように50にも満たない客席しかもたない小屋もあれば、あえて建物の色調をモノクロに落とし、実験的なＡＴＧ映画を次々と公開する新宿文化もあった。明治通りと新宿通りの交差点には交番があり、通りを隔てて向こう側、交通公社の隣には、京王名画座と京王地下、さらに新宿東映が続いている。交番は翌年、クリスマスツリーを装った爆弾によって破壊された。

あるときわたしは交通公社の角で、一人の女性がチラシを配っているのを見かけた。もう長い間立ち続けていたのだろう。声がすっかり嗄《か》れている。彼女はそれでも道行く人の一人ひとりに向かって、懸命になって呼びかけていた。

「みなさん、ゴダールは立派な監督です！　今しか観ることはできません。今日もこれから上映です。『勝手にしやがれ』と『カラビニエ』はすばらしい映画です。ぜひ観てください！」

わたしは半折にされたチラシを受け取った。黄色の地に赤く鮮烈な字体で、「GODARD MANIFESTO」と大きく書かれている。『カラビニエ』をはじめ8本のゴダール映画が次々と上映とあるのだが、「カラビニエ」というのがどういう意味なのか、わからない。結局わたしはいつものように新宿通りをさらに直進し、コボタンに向かったのだが、必死に声を振り絞り、ゴダールの名前を連呼していた女性の姿は強烈な印象を残した。後に映画研究家となったわたしは、このときの上映作品のことを調べてみたことがある。驚いたことに、8本のうち2本ま

「ゴダール・マニフェスト」チラシ（著者所蔵）

では、一般映画館における世界最初の上映だった。１９７０年当時のゴダールは欧米のあちこちのＴＶ局から依頼を受け、映画における革命を呼びかける作品を次々と監督していた。ところがどれもあまりに過激すぎるという理由から、いたるところで配給拒否に出くわしていたのである。それを最初に引き受け上映したのが東京だった。

　京王名画座は翌年、若松孝二と足立正生《あだちまさお》がパレスチナで撮影したドキュメンタリー映画が警察からの突然の圧力で、新宿文化での上映が案じられたとき、深夜に特別上映を敢行、激昂した観客を納得させるという快挙をなした。だがこの劇場はその前年にゴダールの最新作上映をめぐり、日本の名画座史に記憶されるべき聡明さを示している。

わたしはチラシを配っていた女性を川喜多和子だと信じて疑わない。生前の彼女に尋ね確かめたことはなかったが、彼女以外の誰が、声を嗄らしてまであのようなビラ配りをするだろうか。ただただゴダールへの向こう見ずの情熱だけが、彼女を突き動かしていたのだ。和子さんが亡くなってもう30年以上の歳月が流れたが、その情熱にわたしは今でも敬意を感じている。

川喜多和子はわたしに最初に試写状を送ってくれた映画配給者だった。学生時代に小さな映画批評の同人誌を刊行し、一部をフランス映画社宛てに送ったところ、ただちに反応をしてくださったのである。1970年代の中ごろのことで、ミニシアターの兆《きざ》しが見えようとしていた。この新進の配給会社はゴダールを一通り紹介し、フランスに大島渚《なぎさ》を「導入」することに成功した直後で、西洋の古典的名作と最前線の作家のフィルムとを同時に配給していくという路線を構築しようと計画していた。わたしは試写状に誘《いざな》われるままに銀座四丁目の東宝東和第二試写室に通うことになり、ヴィスコンティの『家族の肖像』やドライヤーの『奇跡』の短評を雑誌のコラムに書き出した。映画批評家としての経歴を開始したのである。

試写室にはかならず和子さん本人が来ていた。一本のフィルムを配給するというのは、その背後にある莫大《ばくだい》な雑事を背負うことである。その多忙さにもかかわらず、彼女はかならず来ていた。座席が満員になると、スクリーンと最前席の間に座り込んで、もう何十回も観ているはずの当のフィルムを、いかにも愛《いと》おしむように観直していた。招待されて観に来た関係者や評論家の反応を窺《うかが》っていたのである。上映が終わると、まるで兎のようにわたしの首根っこを摑《つか》んで同じ建物内にあるカフェに連れて行き、しきりと感想を聞きたがった。たしかオールドムーヴィという名前のカフェだったと思う。おすぎがいっしょのときもあったし、長沢節《せつ》があらかじめ来ていて、彼女を待ち構えているときもあった。あそこの場面はどう思った？ あそこでいってる科白《せりふ》の意味は何だったと思う？ どんなにスケジュールが切迫しているときでも、彼女はわたしを10分でも20分でも〈査問〉にかけるのだった。

ほとんどの場合、フランス映画社は配給作品の作家監督を東京へ招聘《しょうへい》する。トルコの獄中にいたギュネイの場合は無理だったが、アンゲロプロス、エリセ、ジャームッシュ、ヴェンダース、侯孝賢《ホウシャオシエン》といった監督たちが来日すると、和子さんはかならずわたしに引き合わせてくれた。「明後日《あさって》からジャームッシュが来るんだけど、ちょっと会ってみない？」「ああ、あいつ、知ってる。知ってる。」「じゃあ、話が早いわね。いつもの帝国ホテルね。」といった感じである。

わたしは映画評論家業界では駆け出しにすぎなかった。声はわたしだけにかけられていたわけではない。国際的に著名な監督の場合には、パブリシティのためのインタヴューが目白押しで、来日はしたものの、一日に3組、4組と、次々とアポイントメントが入る。監督たちはホテルから一歩も外に出られず、文字どおり籠の鳥になってしまう。インタヴューをする側も、相当に下調べしていかないと失敗する。「ああ、いつもの、世界中どこの映画祭でも尋ねられる質問だよね。」と舐《な》められてしまったら最後、手抜きの回答しか戻ってこない。それを防ぐため、フランス映画社では試写会で配るプレスシートに、すでに世界中の映画雑誌に発表された映画評やインタヴューの抜粋記事を翻訳し掲載していた。インタヴューを申し込むならあらかじめ先行インタヴューに目を通しておいてください、というメッセージである。正直いってこのプレスシートは勉強になった。鍛えられたというべきかもしれない。

メディアに名が売れているわけでもなく、せっかく監督に会えたとしても、インタヴューを発表する媒体をどこにももたない。そんなわたしに、和子さんはよくもまあ次々とこうした機会を与えてくださったものだと思う。この慣習は彼女が亡くなってからも続いた。公私において彼女のよきパートナーであった柴田駿《はやお》さんは、オリヴェイラからエリア・スレイマンまで、次々と来日する監督たちをわたしに引き合わせてくださった。

先に書いたように、和子さんと話をするのはたいがいの場合、試写会の後でのオールドムーヴィだった。彼女と個人的（？）に食事をしたことは三度しかない。そのことを書いておきたいと思う。

最初はジャン＝クロード・カリエールといっしょで、三人だった。どんな監督の脚本もスイスイ書けてしまうカリエールのことだから、いったい何の用事で来日したのかは憶えていないのだが、わたしがルイス・ブニュエルについて書物を準備していると知っていた和子さんが、わざわざ帝国ホテルに滞在中の彼に連絡をし、インタヴューの約束を取り付けてくださったのである。

インタヴューは正午を少し過ぎて終わった。それじゃあお昼をと和子さんが提案すると、カリエールはスシを食べたいという。わたし、銀座のお寿司《すし》屋さんとか、よく知らないのよ。ヨモタさん、どこか当てはないかしら。とはいえ、そう尋ねられても、銀座に不案内なわたしがうまく答えられるはずもない。和子さんはしばらく考えた末、今からでいいって空いてるお寿司屋さんが見つかったわといって、ホテル玄関に待機中のタクシーにわれわれを乗せた。着いた先はすきやばし次郎。これが彼女との最初の食事だった。

次郎は後に欧米のドキュメンタリー映画に撮られるほど伝説化された寿司屋である。和子さんはその高級店に気構えもなく入って行く。堂々というのでもない。まったくの普段着感覚なのである。さすが川喜多家の令嬢と思ったのだが、彼女が本当にお嬢様だと感動したのは、その後の2回にわたる食事を通してであった。

2回目と3回目は同じ場所だった。午前中に突然、彼女から電話がかかってくる。「今日の夕方、東京現像所で侯孝賢の新作の初号が上がってくるのよ。日本語の字幕を入れた最初の試写なんだけど、ヨモタさん来られる？」彼女はそれだけをいうと電話を切った。というわけで、わたしたちは夜遅くに始まるという試写のため、京王線の調布駅で待ち合わせることになった。午後8時か9時だった。

駅の北口改札で彼女は開口一番、わたし今朝から忙しくて何も食べてないのよと宣言し、タクシー乗り場に行く途中にある立ち食いソバへわたしを連れて行った。メニューなど見ない。最初から天ぷらソバと決めている。「試写のときはいつもここなのよ。」と彼女。当然のことながら、わたしも同じ天ぷらソバを注文した。このときつくづく食べておいてよかったと思う。『悲情城市』というフィルムはひどく長い、大スケールの作品だったからだ。これが2回目の食事。

3回目の食事はというと、これも2回目とまったく同じ、調布駅北口の立ち食いソバである。このときは楊徳昌（エドワード・ヤン）の『牯嶺街《クーリンチェ》少年殺人事件』の初号試写だった。今回はまだ字幕もついていない、編集を終えたばかりのホヤホヤのフィルムである。「わたし中国語って全然わからないから呼んだのよ。横で突っついたら教えてよ。」と彼女。「僕だって片言ですよ。」とわたし。目の前には天ぷらソバ。このフィルムも恐ろしく長かった。ただ最初から最後までフィルムの強度に圧倒されてしまい、字幕の不在などまったく気にならなかった記憶がある。

川喜多和子はほとんど学校というものに通ったことがない。戦前戦中に洋画配給の大御所であった川喜多長政・かしこ夫妻の長女として生まれ、幼少時から家庭教師のもとでフランス語と英語を学んだ。15歳でロンドンに留学。帰国後は黒澤明監督の現場に助監督として就いた。伊丹万作の息子、十三と結婚してふたたびロンドンへ。この憂鬱な屈折の多い青年は当時、東宝の設立者小林一三《いちぞう》に因《ちな》んで、伊丹一三を名乗っていた。

立原正秋のメロドラマ小説『ながい午後』を読むと、二人の短かった結婚生活の実態を朧気ながら推測することができる。TV司会者の夫が開く華やかなホームパーティに、次々と現れる芸能人やファッションモデル。虚妄の会話についていけず、孤独に悩む妻……。川喜多和子が伊丹のもとを去り、フランスの映画社の日本代理店から独立した柴田駿とともにフランス映画社を設立するのが1968年。わたしが新宿で目撃したのは、その2年後の彼女だった。

和子さんが亡くなったときのことはよく憶えている。1993年の初夏のことで、新宿五丁目のバア風花《かざはな》で呑んでいると、若松孝二がスタッフの吾妻恵子を連れて入ってきた。川喜多和子さんが亡くなって、今、通夜から戻ってきたところだといった。いつもとは違い、ひどく悄《しょ》気《げ》かえった、力のない声だった。「あの人は俺をいつも庇《かば》ってくれた。どんなときでも俺の側に立ってくれた。」と彼は涙ながらにいった。若松がトイレに行くと、吾妻がこちらを向いて、そっとウィンクをした。

詳《つまび》らかなことは知らない。どうやら海外の映画祭から帰ってきたばかりで興奮状態にあり、留守中に溜《た》まっていた雑事の片付けもあってほとんど睡眠をとっていない日が何日も続いていたらしい。その無理が祟《たた》ってクモ膜下で出血が起きた。享年53。おそらく観てきたばかりのフィルム、どうしても配給してみたいフィルムのことで頭がいっぱいで、自分がどれほど疲れているかを自覚する時間がなかったのだろう。若松孝二はすっかり意気消沈していたが、かたわらの吾妻恵子はキョトンとしていた。


1995年夏のヴェネツィア国際映画祭でアニエス・ヴァルダと会った。

わたしは落ち着いて映画を観ることのできない大規模な映画祭というのが苦手なので、めったに足を向けないことにしている。それでもこの夏にヴェネツィアに赴いたのは、勉強先のイタリアの町からそう遠くないところでやっているから、一つ新作を2、3本、覗いてみるかといった気分だったと思う。

このとき、和子さんを偲《しの》ぶ小さな昼食会が開かれた。こぢんまりとはしているが、きれいな中庭のあるレストランのテラスを借りての、まったく個人的な集まりだった。

フランス映画社の柴田駿さんが短い挨拶をし、映画祭の側からマルコ・ミュレールが出てきて、和子さんの思い出を語った。献杯があり、その後はテーブルごとで自由な食事会となった。『悲情城市』の関係者の台湾人もいたかなあ。わたしの隣の席はヴァルダだった。

ヴァルダは小柄で茸《きのこ》のような髪形をし、元気のいい人である。「わたしの母親はあなたの『幸福』というフィルムを観て離婚を決意したんです。」というと、「それはいいことをした！」と、手でテーブルを叩きながら笑った。夫のジャック・ドゥミについてのフィルムは『ナントのジャック』だけじゃ足りない。これから何本も何本も撮るつもりだとも語っていた。それから和子さんの思い出話となった。フランス映画社は『歌う女・歌わない女』と『冬の旅』という、2本のヴァルダ作品を配給している。和子さんとしてはお気に入りの監督だったのだろう。

和気あいあいとした感じの昼食会だった。次の映画上映の時間が近付いてきたので、集まっていた人々は少しずつ退出していった。レストランから少し歩くとリドの海岸に出る。映画祭目当ての人々がたくさんいて、一人の女性を囲んでカメラマンが群がっていた。

そうか、1967年のこの映画祭で和子さんは、ゴダールの『中国女』の世界初上映を観たんだ。そしてこれ以後、この監督が体験するであろう困難な歩みを想像し、彼の全体像をぜひ日本に紹介しなくてはと決意したのだ。わたしは京王名画座の前で声を嗄らしながらチラシを配っていた彼女の姿を思い出した。わたしが思い出さなければ、いったい誰が思い出すことだろうと思った。

岡田史子

1992年、初夏のことだった。わたしはトランクを二つ抱え、飛行機で札幌へ向かった。トランクのなかは空っぽだった。というのもわたしには重大任務があって、これから岡田史子に会い、彼女の全漫画の原稿を受け取って東京に持ち帰らなければならなかったのである。

わたしの心はこの未知の漫画家への期待で膨らんでいた。いったいどのような感じの人だろう。おっかなそうな雰囲気の人だったら困るなあ。ともあれ14歳のときにその存在を知り、それ以来25年間にわたって繰り返し繰り返し作品を読み続けてきた天才作家と、とうとうアポイントメントが取れたのだ。不安がない方が変だ。しかもわたしは、ファンという種族がそもそも退屈な存在であることを知っている。わたしは彼女を退屈させてしまうだけではないか。

岡田さんは札幌の南東部、豊平《とよひら》区の住宅地にある教会を、面会場所として指定してきた。どうして教会なんだろう。わたしは不思議に思ったが、後になってわたしが悪魔ではないかという疑いを抱いていたからだと説明された。面会にあたってはかならずカトリックの司祭立ち会いでなければいけない。彼女はそう条件を指定してきた。そこでわたしは夕方に教会に赴き、説教を聴き、司祭と信者たちの晩餐の席に連なった。岡田史子を司祭から紹介されたのはそのときである。髪の毛が短く、どこかジェーン・バーキンを思わせる女性だった。

彼女は結婚して一児の母親となり、信仰心に満ちた、落ち着いた生活をしていた。漫画からはすっかり遠ざかっていたらしい。それどころか夫にも中学生の息子にも、自分がかつて漫画を描いていたことを一度も話したことがないといった。わたしには驚きだった。

わたしの風体を見て、これは悪魔とも思えないと判断したのだろう。翌日は午前中に、たしか彼女の家に招かれたことを記憶している。わたしは書面で知らせておいた用件を手短に説明した。あなたがデビュー当時から描いていた漫画は、ある時期、新書判で刊行されたことがあったが、現在では絶版になって久しい。単行本に未収録の作品を含め、全3巻の作品集をハードカヴァーで刊行したいのですが、いかがでしょうか。

彼女はしばらく何もいわなかった。それからいかにも自分の作品に関心がなさそうに、近くを流れている川の話をした。

家から少し歩いたところに豊平川が流れている。家が狭いから昔の原稿はすべて河原で燃やしてしまおうと決め、日曜に出かけようとしたところ、用事ができて果たせなかった。その次の日曜は雨になり、これも果たせなかった。そこにわたしが連絡してきたのである。わたしは彼女の連絡先を知るため、およそ1年間にわたって知り合い筋を尋ね回り、ようやく目的を果たすことができた。もっとも彼女はどうやら知り合い筋のその人物を嫌いで信用していないらしい。「あの嘘《うそ》つきの」という言葉をいくたびも口にした。困ったなあ。ともあれわたしは自分は運がよかったと思い直した。もし出逢いが1週間後になっていたら、はたしてどうなっていたか。五十編近い彼女の作品のことごとくが灰燼《かいじん》に帰してしまっていたのかもしれないのだ。彼女にはすでに高校生のころ、私淑する永島慎二に会って目を開かれたとき、それまでに描き溜めていた漫画をすべて焼却してしまったという前科があった。

面談は成功した。わたしは準備しておいた二つのトランクに、彼女の原稿をぎっしり詰め込んだ。すでに発表され、わたしには親しい作品が大半であったが、デビュー前に執筆された初見のものもあった。原稿は焼却する予定になっていてきちんと束ねられていたから、トランクへの収納は簡単だった。岡田史子は思い出したように、いくつかの作品についてポツリポツリと話をした。あの作品はすべて割り箸を削り、インクをつけただけで描いたとか、リルケの『マルテの手記』を愛読していたので、あちらこちらにその痕が残っているといった話だった。

帰りしなに彼女はわたしに大きなピンをくれた。20センチほどもあるピンで、いったい何に使うものか見当がつかない。それはひどく錆《さ》びていた。

岡田史子の漫画を最初に知ったのは14歳のときである。手塚治虫が『火の鳥』を連載するために創刊した漫画雑誌「COM」に、「太陽と骸骨のような少年」という短編が新人応募作品として一挙掲載されたのである。作者は17歳で北海道静内《しずない》の高校生であると、わたしは知った。扉頁には太陽の火炎を象《かたど》った蠟纈《ろうけつ》染めが貼り付けられている。もちろん漫画作品として前例のないことだ。だが前例がないという点では、主題も、科白も、舞台設定も、何もかも前例がなかった。

おそらく地中海なのだろう。夕暮れ時の、まだ明るい海を見下ろす断崖の上、古代の廃墟《はいきょ》らしき石段に一人の少年が腰をかけ、白衣の少女に向かって話している。イカロスは父親に作ってもらった翼で自在に空を飛べるのがうれしく、虚空の果てを見極めようとした。しかし彼は太陽に近付きすぎ、翼を固定していた蠟が溶けてしまったため、海中に墜落した。少年はボードレールの『悪の華』にある詩を暗唱しながら、ギリシャ神話にあるこの挫折の物語を語り、自分もまたイカロスのように両腕が折れてしまったのだと告白する。ところが少年が真剣に語っているのに、かたわらの少女にはどうやら寓話《ぐうわ》の意味がわかっていないようで、ときどき茶々を入れたりする。

少年はある女性の肖像写真《ポルトレ》を少女に見せながらさらに語る。自分には思いを寄せた女性がいたのだ。それは単に理想の女性であるばかりではなく、自分には「わからない」ものだった。

「わからないから、なんだかわかりたいもの」であり、彼は「わかろうと、わかろうと、そのために毎日生きた」のだったが、イカロスのようにあまりに対象に近付きすぎてしまったために失墜し、今ではこの「まっしろな病院」で叫んだり、物思いに耽《ふけ》ったりしているのだ。ここまで読み進んできて、ようやく状況が判明する。場所は精神病院で、白衣の少女は看護師だったのだ。

二人の噛《か》み合わない対話がしばらく続く。最後に少年は、自分は愚かな子供にすぎないのかもしれないが、「太陽と星々とは、今さら廻《めぐ》りを途切らすわけ」にはいかないと宣言し、いつの間にか暗くなった夜空を見上げる。

いったいこの漫画は何なのだろう。いや、そもそもこれは漫画といっていいものだろうか。もしこれでも漫画であるとすれば、漫画にはもはや哲学でも詩想でも、それこそどんなものでももち込むことができることになる。読み終わったわたしは眩暈《めまい》に襲われた。岡田史子が試みたのは、人生で最初に遭遇した決定的な挫折と失墜感、結果的にそこから生じる狂気を映像化することだった。ギリシャ神話とボードレールがそのために援用されていた。

わたしはわずか7頁の短編を、何回も読み直した。設定の大胆さに驚き、科白の真剣さに圧倒され、劇的な構成に魅惑された。もしこれが漫画であるとしたら、「まんがエリートのためのまんが専門誌」と銘打たれた同じ号の「COM」に掲載されている他の作品はいったい何なのだろう。わたしは翌日、渋谷の大盛堂《たいせいどう》書店に行って『悪の華』という詩集を買い求めた。こうして以後半世紀にわたるわたしのボードレール偏愛が開始された。

岡田史子はそれ以来、4年にわたって「COM」を中心に作品を発表し続けた。いや、これは逆のいい方をした方がいいかもしれない。彼女が漫画家として活躍した時期はわずか4年ほどにすぎなかったのである。

今、長い歳月の後に彼女の作品集を読み直して感動するのは、この岡田史子という漫画家がそれこそ一作一作、まったく異なった文体と筆致で作品を完成させていたことだ。ある種の放射性同位元素が瞬時のうちに隣接する元素へと転換し、さらに次の瞬間に別の元素へと姿を変えていく。それが若さであり才能であるといってしまえばそれまでだが、彼女の場合、一度試みた実験は二度と繰り返さないという姿勢が頑強なまでに貫かれている。これは驚異である。

もし彼女の作品のなかでわたしにもっとも深い影響を与えたものを選ぶとすれば、それは「赤い蔓草《つるくさ》」であるだろう。これは幼少時より死の影に怯《おび》え、狂気の縁を廻りながら絵を描き続けたノルウェーの画家、エドワルド・ムンクをモデルとした中編である。

物語は北欧の小さな町から始まる。まさに日が暮れようとする寒々とした墓地で、陰鬱な葬儀が執り行なわれている。少年エドワルドは最愛の妹を結核で失ったばかりで、悲嘆に暮れている。帰宅した彼は夜に悪夢を見、「脂肪臭い黄色い煙」が寝室の片隅に立ち込めていることを知る。

少年は長じてパリの美術学校に学び、階段の多い田舎町に住みながら油絵の創作に熱中する。だがそこにも黄色い煙が追い駆けてきて、父親の死を告げる。こうしたことが度重なり、エドワルドはついに精神の均衡を崩してしまい、山中の精神病院へ静養に向かう。彼はそこで出逢った年少の少年から、「人間の生は色欲によって親から子へと伝染し続ける病気」であると告げられる。黄色い煙とはこの生の汚穢《おえ》の凝縮したものであり、死の予感に他ならなかったのだ。もはやどこに足を向けようとも煙から逃れる術《すべ》はない。エドワルドは親しい女友だちを連れて父親の遺《のこ》した家に戻ると、門を固く閉ざし画業に専念する。生活はひどく困窮する。運よく美術館から作品を購入したいという申し出が到来する。だが一歩家の外に出たエドワルドは、黄色い煙のせいで家の壁の蔓草が残らず枯れていることに気付く。やがて煙は家のなかにまで侵入してくるだろう。彼はその予感に脅《おび》えながら、ただ黙って絵を描き続ける……。

今のわたしならば、この作品に描かれている生への嫌悪を、ストリンドベルイやショーペンハウエルに結び付けて理解するだろう。だが15歳のわたしはいかなる手がかりもないまま、この作品に圧倒された。わたしは自分の人生が開始されたばかりだという期待のなかに生きていた。なのにこの作者は、わたしより4歳年長であるだけで、生きることが汚穢に満ちた呪わしいものだと語っている。

「赤い蔓草」を発表した2年後、岡田史子は突然に失踪してしまった。「COM」にはもはや新作が掲載されることがなくなった。入れ替わりに彼女と同学年の萩尾望都《はぎおもと》や竹宮恵子といった少女漫画家が華々しく活躍を始めた。彼女たちは岡田史子に触発され、漫画の新しい可能性に目覚めたのである。岡田史子は伝説となった。荒俣宏《あらまた》から吉本隆明までが彼女にオマージュを捧げたが、誰も彼女の行方を知ることはできなかった。あるときわたしは意を決し、彼女の跡を辿ろうとした。ようやく手がかりを得て札幌に向かったのは、彼女の失踪から20年後のことである。

わたしが東京に持ち帰った原稿は、その後NTT出版から2巻本として無事に刊行された。当初は未発表原稿などを含め、3巻で全作品を収録する予定であったが、それは実現できなかった。原因は二つあった。

一つは（きわめて残念なことであったが）後期作品の完成度の低さである。なるほど彼女は1970年にひとたび筆を折って沈黙した後も、ときおり才能の煌《きら》めきを感じさせる作品をいくつか発表していた。それが80年代に入ると作品がほとんどなくなり、たまに発表されることがあっても調子の低いものでしかなかった。岡田史子はこの時期、もはや精根を使い果たしてしまっていた。10代の終わりに彼女に憑依《ひょうい》していた魔性の力が消滅してしまったのだ。この残酷な真実を彼女に伝えることは辛《つら》かった。だがわたしは事情を記す手紙を添えて、未刊行の作品原稿を返却した。

原因のその二は一とも微妙に関係しているのだが、2冊の単行本が同時に刊行され、ささやかながらも岡田史子「発見」ブームが起きたおかげで、彼女の精神に混乱が生じてしまったことだ。それについて書くことは気が進まないのだが、書かないわけにはいかない。きわめて簡略化した形でここに記しておくことにする。

まず彼女はわたしに、人生における自分の生々しい苦しみを書き記した原稿を送ってきた。どこかに掲載してほしいという手紙が添えられている。一読しただけで、彼女が信仰の面でひどく混乱していることが読み取れた。神をめぐって書かれたもののあまりの深刻さにわたしが躊躇《ちゅうちょ》していると、今度は頻繁に電話がかかってきた。といってもわたしが昼間は仕事で留守にしていることが多いから、留守番電話に残されたメッセージを聴くばかりである。受話器の向こうで彼女はわたしを罵り、聞き取れない言葉で叫んでいた。それからまた長い手紙。これまでの無礼を謝罪するという文面のものもあったし、またその逆に、いっそう激しい言葉でわたしを責めているものもあった。最後に夫である人物から、いろいろとご迷惑をおかけして申し訳ないという謝罪の手紙が到来した。わたしは気の毒でならなかった。かくも才能に恵まれ、真摯に神を見つめていた人が、どうしてこれほど苦しまなければならないのか。

あるときわたしは勤務校（ミッション系の大学に教師として勤務していた）で学長に突然呼

ばれた。わたしが学長室に入ると、秘書が1通の手紙を差し出した。学長宛てにこのような手紙が札幌から来ているのですが、どうしたものでしょうと秘書。札幌と聞いてわたしはただちに事態が了解できた。手紙にはこの学校には悪魔がいるから、学長としてなんとかしてほしいと記されていた。

推測するに、この時期、彼女は教会の司祭さんともいい争ってしまい、信仰をすっかり捨ててしまったようである。その結果、精神を安定させる手立てが見つからなくなり、入院を余儀なくされたと聞いた。デビュー作「太陽と骸骨のような少年」の舞台装置のなかに、文字どおり参入してしまったのである。わたしは彼女が抱え込んだ苦悶に同情した。

やがて風の便りに、彼女がある商業雑誌の新人賞に応募したという話が伝わってきた。選考委員はそれなりに著名な漫画家であったが、彼女よりもはるかに年少で、岡田史子という神話を聞かされながら育った世代である。彼は原稿に添えられた名前を見て、思わず仰天した。

2005年、わたしは岡田史子の死の報《しら》せを、ほとんど無感動のまま受け取った。あの悪魔事件の後、わたしは彼女がどこでどのように暮らしているのかを、まったく知らなかった。離婚し、カトリックの信仰を捨て、ふたたび結婚し、また離婚し、東京に出てきて独り暮らしをしていたという。以前から心臓が悪く、バイパス手術を施されていたらしい。心臓病で亡くなったときは55歳で、数日後に発見されたのだと知らされた。

はたして葬儀に参列したものだろうか、わたしは迷った。机の抽匣《ひきだし》のどこかに大きなピンが仕舞い込んであるはずだ。だがいくら探しても見つからない。わたしは葬式に行くことをやめ、その日はずっと彼女が遺した作品を読むことで過ごした。

岡田史子の話はここまでである。彼女はいつも真剣に生きていた。生とは汚れた病気以外の何ものでありうるのか。もし罪というものが存在するならば、罪の贖《あがな》いとは何か。彼女は15歳のときに直面したこうした巨大な問いを、一生の間考え続け、目を逸《そ》らすことがなかった。そして疲弊の極において死へと旅立ったのだ。

だがこの話には続きがある。岡田史子という不幸な漫画家がきっかけとなって、わたしはあるとき、きわめて聡明で、きわめて孤独な女性に出逢ってしまうのである。以下次章。

註　漫画作品の科白は本来は平仮名が中心ですが、引用にあたり若干、漢字交じりの表記に改め、読点を補いました。

弥永徒史子

鎌倉の神奈川県立近代美術館でエドワルド・ムンク展が開催されたのは、1970年9月から10月にかけてである。わたしはそれを、高校が休みの日曜日に出かけて行って見た。それは17歳のわたしにとって、文字どおり衝撃としかいいようのない事件だった。

葬儀に参列した人々が憂鬱そうに無言のまま立ち尽くしている絵があった。寝台に横向きになって遠くを眺めている、病気の少女の絵。長い髪の女が俯《うつむ》く男の上に、あたかも吸血鬼のように屈《かが》み込んでいる絵。そして極めつきは、夕暮れの橋の上に立って両手で耳を塞いでいる人物だった。まるで狂人のように目を見開いている。世界の没落とはこのような光景なのかと、わたしは思った。

ノルウェーの狂気の画家のことは、まったく知らなかったわけではない。前章に書いた岡田史子が彼の生涯に材を得て、すでに「赤い蔓草」という漫画を発表していた。もっとも推測するに、北海道で高校生活を送っていた彼女は、原画を見ることなくこの作品を執筆していたはずである。ムンクの巨大な油彩と数多くの版画を目の前にしたとき、その色彩の生々しい強さと筆遣いの強さはわたしを圧倒した。わたしは（大方の文学少年がそうであったように）そのころ高校の同級生とガリ版刷りの詩の同人誌を刊行していた。そこでなんとか展覧会で受けた驚きを詩にできないかと努力したが、いかんせん自分で満足のいくものは書けなかった。

展覧会の直後わたしの高校ではバリケード封鎖が起き、しかも情けないことに首謀者がそれを統括できず、半日も経たずして撤回してしまった。わたしは高校に通っているのがなんだか馬鹿馬鹿しくなり、勝手に中学卒業の履歴書を書くと、銀座裏のケーキ工場に向かった。臨時工として雇われたのである。周囲は中学校卒業の集団就職組の工員が多く、西洋美術の話には無関心だった。ムンクの衝撃を話そうにも、誰も相手がいなかった。

弥永徒史子《やながとしこ》もまたわたしと同じときにムンクを見ていた。都立青山高校で、東京芸大を出たばかりの美術担当の女性教師に薦められたのかもしれない。もっとも彼女は平日に、比較的すいている日を選んで鎌倉を訪れていたはずである。青高ではすでに夏休みの前からバリケード封鎖に入っており、授業が行なわれていなかったはずだからだ。展覧会から戻ってきた彼女はただちに自分の部屋に閉じこもり、キャンバスに向かった。展覧会で受けた衝撃を、それが消え去らないうちに、一刻も早く形にしておきたかったのだ。

わたしが弥永寿子と出逢ったのは、このムンク展から6年後、1976年のことだ。わたしたちは東京大学の比較文学専攻の大学院で知り合った。ともに由良君美《ゆらきみよし》教授のロマン主義研究のゼミに参加していたのである。最初の印象は、おや、教室のなかに一人、飛びぬけて英語の発音のいい女子学生がいるのだなあというものだった。長い髪を三つ編みにし、薊《あざみ》の花のような眼をしている。そのうち休み時間に少しずつ言葉を交わすようになると、本人の口からムンクで論文を書きたい。夏にはノルウェー語の勉強のためオスロに短期留学をするのだという話を聞いた。鎌倉近美での展覧会の話になったとき、わたしは彼女に親しみを感じた。だがさらに驚いたのは、彼女が漫画雑誌「COM」に掲載されていた岡田史子の「赤い蔓草」を熟読していたと語ったときだった。わたしは直感した。あっ、これは魂の兄妹《きょうだい》ではないか。

文科系の修士課程にいる大学院生というものは競争心の塊である。読めもしない原書をこれ見よがしに見せびらかしたり、指導教授がいない席で、「あいつなんて大したことないよ」と、背伸びした口吻《こうふん》を漏らしたりする。研究者としての自分の才能も将来もまったくの未知数であるものだから、そこから来る寄る辺なさの表現である。今にしてそう考え直してみると、どこか微笑《ほほえ》ましく思う。とはいえわたしにしても、自分がどのような方向に向かっているのか皆目見当がつかないでいた。ゼミ室に自分よりはるかに優秀な学生を見るたびに、自分の非学を思い知らされる気分になるのだった。同級生たちはわたしを、映画ばかり観て、いっこうに勉強しようとしない変な奴《やつ》くらいに思っていたはずである。

弥永寿子が卒業論文として執筆したルドン論が、その出来があまりに優秀だというので、若干の改稿を経て大学院の紀要に掲載されたとき、わたしは強烈な嫉妬を感じた。彼女の指導教授なる人物が、本来は修士論文以上、それも要約か抜粋を旨とするという論文掲載規定を堂々と破り、掲載に踏み切ったわけだが、そのような例外に憤ったからではない。理路整然とした論文の展開のされ方と着実な資料の読解に、同じ年の自分には到達できそうもない完成度を見て圧倒されたのである。おそらく同学年の院生は、誰もが同じ印象をもったと思う。

論文の筆名は「寿子」ではなく、「徒史子」だった。どうして「徒史子」なのかと指導教授が尋ねたが、彼女はただウフフと笑っているだけだった。わたしは黙っていた。それが、彼女が敬愛する岡田史子から一字を借りて考案された筆名であることを、あらかじめ聞き及んでいたからである。こいつは秘密だな。

わたしと彼女は、もっぱら喫茶店でお喋りをした。ムンクの話はもちろんであったが、エドガー・アラン・ポーの宇宙論について、泉鏡花の小説の挿絵画家について、ベルギー象徴派の美術について、共通する話題には事欠かなかった。わたしとの違いはただ一つ、彼女には日常的に映画を観るという習慣がなかった。しかしそれはしかたのないことだ。そのときすでに映画はわたしの宿命だったのだから。そういえば、わたしたちは学食を除いて、いっしょに食事をしたことがなかった。アルコールを嗜《たしな》んだこともない。わたしは、いや、わたしたちは充分に貧しく、家庭教師の掛け持ちで得た金はただちに書物に消えてしまい、オシャレな場所で食事をするなど、とても考えられもしなかった。彼女は加えて定時制の商業高校で英語を教え、生活の資としていた。

大学院の修士課程を終えると会うことはなくなった。わたしはソウルの大学に日本語教師として雇われ、西洋文学とも美術ともまったく縁のないハングル世界で悪戦苦闘することになった。出発の直前、弥永徒史子に一つだけ頼みごとをした。東京にいたころある月刊誌に連載していたコラムを引き継いでもらったのだ。

彼女は大いに張り切っていた、だが張り切りが裏目に出た。せっかく書いた展覧会評が難解すぎるというので没になってしまったらしい。コラムというものは浴衣がけで、肩の力を抜いて書くのが一番と澁澤龍彥《しぶさわたつひこ》が書いているが、もとより煩雑な誌面の片隅に軒下三尺を借り受け、狭い場所でのお披露目にすぎない。力みすぎてしまうとかえって意味の通らないものになってしまう。わたしは帰国してからこの話を聞いた。この一件以来、彼女は短い文章を書くことを断念してしまったのだが、それは残念であるとしかいいようがない。

やがてわたしも彼女も大学で英語の非常勤講師を務めるようになった。わたしは実をいうと映画学を教えたかったし、彼女は彼女でノルウェー語の教職に就きたかったのだ。もっともそれが可能だとは、二人とも最初から期待していなかった。当時の日本の大学にはそのような講座は存在していなかったのだ。弥永徒史子は勤め先の美大での学期末試験の際、学生に色鉛筆を持参させ、答案用紙のマスを塗り潰すようにと指示した。ところが採点が予想以上に難しく、一晩かけても終わらなかったという話を聞いた。そのうちお互いに忙しくなり始め、いつしか音信が途絶えてしまった。

風の便りにその彼女が重い病に倒れ、入院して久しいと聞いたのは、1984年のことである。ひどく頭痛がするというので大学病院の脳外科で診察を受けたところ、即時入院を申し渡された。無事に手術がすんだと聞いたわたしは、お見舞いに行こうと思ったが、人を介して謝絶された。開頭手術の際に長い髪を切ってしまったのを人に見られたくなかったのだと、後になってわたしは知らされた。そう、彼女はいつも長く美しい髪をしていた。わたしは断髪と聞いてドライヤーの『裁かるるジャンヌ』で聖女を演じたファルコネッティを想像したが、それを彼女に告げることはできなかった。

訃報を受けたのは翌年の初めである。夜学が終わって通夜に駆け付けてみると、すでに弔問客は全員帰った後で、ご遺族だけが奥の座敷にひっそりと座っていらした。四方田ですと名前をいうと、本当にヨモタさんですかと念を押された。名前の確認には理由があった。亡くなる直前にふっと意識が戻り、「今からヨモタ君のところに論戦に行くのよ。」といって、ふたたび意識がなくなってしまったという。頭が鈍くなるからと痛み止めのモルヒネを拒み続けた後の死であった。

わたしの姓は全国でも珍しく、子供のころ祖母から聞いた話では、三百人くらいしかいないらしい。ご家族の方がそんな変な苗字《みょうじ》などあるわけがない、てっきり聞き間違いだと思っていたところに、ひょっこりわたしが現れたのだった。あの心優しい寿子がロンセンなどという物騒な言葉を口にするなんてと、お母さんがいった言葉が忘れられない。入院中も寝台の上に小さな卓を置き、萩原朔太郎《さくたろう》の『月に吠《ほ》える』に挿絵を提供した田中恭吉について論文を書いていたと聞いた。題名は「傷める芽」である。

弥永徒史子は亡くなったとき、32歳だった。いったいこんな不条理なことがあっていいものだろうか。そう思ったかつての同級生たちが集まって『再生する樹木』という遺稿集を編んだ。

霊魂というものは存在しているのだろうか。わたしはこれまでの人生にあって、予期しない出来ごとが続けざまに起こったとき、背後に何か目には見えないものの、はるかに自分を超えた力が働いているなと感じたことがいくたびかあった。それは単なる偶然の一致にすぎないのか、それともそこには人智では到達できない、あるメッセージのようなものが込められているのではないか。誰かが何かを必死になって伝えようとしている。だがこちらの感度が悪いため、それをしかと受け止めることができない。霊のお導きなどという言葉は安易に口にしたくはないが、もし霊魂が実在しているのなら、現在わたしの前に生起している神秘的とも見える出来ごとは、たちまち筋が通って了解できるだろう。わたしがいいたいのはそのような体験のことである。

56歳のとき、東京の小さなミッション系大学の教師であったわたしのもとに、突然にオスロ大学から客員教授として日本文化を教授してほしいという依頼が到来した。返事を躊躇していると、その1週間後に受けた定期健診で、前頭葉に腫瘍が発見された。診断書には緊急に開頭手術を要するとある。オスロも脳腫瘍も、わたしにはまったく実感のない言葉だ。大手術となればオスロには行けそうにない。だがそれにしても、こんな重大な報せが立て続けに来るとは、何か因果関係でもあるのだろうか。そう考えていて、突然に弥永徒史子のことを思い出した。彼女はオスロに留学する予定だったのに、脳腫瘍が原因でそれを取りやめ、失意のうちに亡くなってしまったのだ。それから24年の歳月が流れている。

わたしの代わりにノルウェーの都市と風景を見てきてほしい。ムンクの絵をもう一度、間近に見てきてほしい。でもその前に、あなたにはわたしが体験したのと同じ苦痛を知っておいてほしい……わたしは魂の実在を安易に肯定する人間ではないが、どこか世界の果ての昏《くら》いところに佇《たたず》んでいる弥永徒史子が、このような言葉を送ってきたのだと信じた。

わたしは彼女の弟さんに会いに行った。お通夜の席でわたしを奥座敷へ招き入れてくれた高校生は、すでに工学技術者として一児の父親となっている。姉は自分が脳腫瘍であったことを知らされないままに亡くなったのですと彼はいい、わたしに1枚の油彩画を見せてくれた。姉は絵を描くのが好きで油絵はたくさん残っていたのですが、家を処分するときにほとんど片付けてしまい、この絵1枚しか残っていないのです。母は気持ち悪いから嫌いだとはいってましたが……。

絵は自画像である。弥永徒史子は白いブラウスを着、無表情に口を閉ざしている。背景には何も描かれていない。ただ青や赤といった原色だけが、木版画の彫った跡のように流れている。驚くべきはその顔だった。髪はひどく短く、額と頬はまるでケロイドであるかのように赤と朱に爛《ただ》れている。両眼には瞳孔がない。眼は背景と同じく青で塗り潰されている。一言でいうならば、恐ろしい絵だ。17歳の娘が突然にこのような絵を描き出したのだから、お母さんが気味悪く感じたとしても無理はないだろう。

わたしはただちに合点がいった。ここには明らかにムンクの強い残響があると直感した。ムンクは若き日に精神の均衡を崩して入院したことがあり、晩年までつねに狂気と隣り合わせで創作を続けていた。最晩年に描かれた自画像でも、自分の脇に炎のような赤い色彩を添えている。弥永徒史子は明らかにこの自画像に衝撃を受け、彼に倣おうとしてケロイドの自画像を制作したのではなかったか。わたしは弟さんに、もうこれは素人の絵ではなく、はっきりと作家として自分を描こうとした人の絵ですと、自分の意見を述べた。

それでも解決できないものは残った。ここには単に美術好きの少女が西洋の著名な画家の名作を模倣してみただけ、という了解ではすまないものがあるのではないだろうか。けっして口を開こうとはせず、顔面一面に拡がるケロイドに耐えている少女の肖像。わたしは弥永徒史子もまたムンク同様、かくもグロテスクな狂気の形象をわが身に引き受ける覚悟を抱いていたと考えた。死とエロスの衝動に引き裂かれて世紀末を生きた画家に惹《ひ》かれたのは、単にその頽廃《たいはい》の絵に美術史的な関心を抱いたからだけではなかったはずだ。それが彼女の、17歳のときの決意だった。鎌倉の美術館で出逢ったとき以来、彼女はそこに自分と同質の魂を発見し、出逢いを宿命として受け取っていたのではあるまいか。ちょうど岡田史子が、中学校の美術教師に見せてもらった美術全集でムンクに出逢い、「赤い蔓草」を執筆したように。

弥永徒史子の自画像（個人蔵）

わたしの脳腫瘍は幸いにも良性だった。手術後しばらく静養したわたしは執刀医の許可を得、ただちにオスロに向かった。ひょっとしてこの都での弥永徒史子の足跡を発見できればと一縷《いちる》の期待を抱きながら、大学での集中講義の合間にムンク美術館を訪問したり、日本研究家に問い合わせを試みた。いかなる手がかりもなかった。

彼女が語学習得のためひと夏滞在した学生寮は、とうの昔に別の場所に移転していた。つたない語学力ながらも懸命になって読み込んだムンクの関係資料は、さすがに保存されていたが、木造のムンク美術館はすでに老朽化のため取り壊されていた。日本の石油会社の資金援助で建てられた、ほとんどいたるところがガラス張りの新館では、最年長の学芸員から、残念ながら記録が残っていないから何もお答えできないといわれた。

そりゃそうだろうと、わたしは思った。もう30年以上前のことだ。わたしを招聘した日本研究所の教授はいった。もしその方が今でもご存命でしたら、ひょっとしてこの研究所の所長になられていたかもしれませんね。

霊魂なるものが実在するのかどうか、わたしはまだ答えを出せないでいる。自分の身に降りかかった偶然をどう受け止めていいのかが、わからないからだ。ただ一つのことは確実である。わたしはその偶然によって人生を導かれたのである。

真穂ちゃん

あの小悪魔たちはいったいどこへ行ってしまったのだろう。しばらく年長や同世代の女友だちのことを書いていて、わたしはふと思い出した。

わざとハスッパな口をきいて生意気そうにふるまい、わたしが戸惑っているのを知って得意げな顔を見せる女の子。わたしを思ってもみなかった世界へと連れ出して、平然とそこに置き去りにしたまま消えていってしまう女の子。彼女たちは今、どうしているのだろうか。これから先の人生のどこかでばったり出逢うということは、いや、そんなことはもうたぶんないだろう。それでも世界のどこかで生きているのだろうが、彼女たちはわたしのことを思い出すことなどあるだろうか。

今回はそうした年少の女性の一人について書いておきたい。といっても彼女は今でもピンピンして生きている人物なので、差しさわりがないように「真穂」という仮名にして話を進めることにしよう。

真穂ちゃんはわたしが大学生活の終わりごろ家庭教師をした17歳の女の子だった。話をもってきたのは同級生で、妹の同級生にちょっと風変わりな女の子がいるのだが、来年が受験だというのにいっこうに家庭教師がいつかない。すぐに逃げ出してしまう。よかったらちょっと助けてやってくれないかという。恒常的にお金のない大学生はそれを引き受けた。問題の女子高生の家は、京王線の芦花《ろか》公園の駅を降り、しばらく住宅地を歩いたところにあった。

真穂ちゃんは都内にある有名女子大の付属高校の3年生になるところだった。黙っていてもそのまま女子大に進学できるのだが、それが「ダサくて」嫌なので、英語をもっと勉強し、男女共学の大学に行きたいのだと、真面目な顔でいった。部屋のあちこちに鏡が立てかけてある。

顔つきは風吹《ふぶき》ジュンにちょっと似ていた。いや、相当に似ていた。その当時、風吹ジュンは大人気で、女の子は多かれ少なかれ彼女を意識した髪型や仕種《しぐさ》をしていたわけだから、この類似はいくぶん割り引いて見るべきかもしれない。とはいえ、長い髪が垂れてくるのを手で払ってみせたりする一挙一動を見ていると、目の前の少女が風吹ジュンに憧れていることがわかった。わたしは週に2回、真穂ちゃんに英語を教えることになった。父親は東南アジアから魚介類を輸入する会社で管理職にあるらしい。わたしは最初の印象が気に入られたのか、巨大な冷凍エビを何パックもお土産にと渡された。

それから1年の間、真穂ちゃんには驚かされることばかりだった。中学高校と質実剛健の男子校で育ったわたしには、実をいうと、自分より年少の女性と親しげに口をきいたという体験がほとんどない。女の子というのは、いつもお菓子屋さんの前や駅のプラットホームに、蝶々《ちょうちょう》が蜜を探すかのように群がっていて、何を話題にしているのか見当もつかないお喋りをしたり笑ったりしている。彼女たちはわたしの理解を超えた、不思議な小動物のような存在だった。そのうちの一人が、まったくの偶然から、わたしの前に神妙な顔をして座り、わたしは「先生」として彼女に英語を教えることになってしまったのだ。

神妙な顔はすぐに剝げた。2回目のレッスンのときに真穂ちゃんは早くも化けの皮の下を顕《あら》わにした。わたしがいっしょに読もうと、『フィッツジェラルド　娘への手紙』という教材本を、わざわざ探してもっていくと、「なんだかつまらなそう。」といって一蹴してしまったのだ。

「じゃあ、どんな本が読みたいのだい？」

真穂ちゃんは机のなかからそっと映画のスチール写真がカバーの文庫本を取り出した。澁澤龍彥が訳した『O嬢の物語』である。この本は読んだことがある。美しいファッションカメラマンの女性が恋人に求められ、彼の見ている前で複数の男性に軀《からだ》を開いたり鞭《むち》打たれたりする間に、しだいにマゾヒスティックな悦びに目覚めていくという小説だ。いわゆる高級ポルノグラフィ。しかし名門女子校の女の子がこんな暗黒小説を読むものだろうか。わたしは知らなかった。1970年代の半ばにあって、半世紀にわたって続く女子高生澁澤ブームが、すでに始まりかけていたのである。

「うちの教室で大ブームなのよ。みんな読んでるわ。ねえ、先生。わたし、この本を英語で読みたいのよ。」

そうか、次々と家庭教師たちが辞めていったのも、理由がないわけではなかったのだ。これはひょっとして壮絶な戦いになるのかもしれないなと、わたしは直感した。しかしここで引き下がるわけにはいかない。わたしはさっそく新宿紀伊國屋書店の洋書部に向かった。ペーパーバック・コーナーに『O嬢の物語』の英訳を発見すると、2冊を買い求め、真穂ちゃんといっしょに読むことにした。彼女は機嫌がよかった。

大学のゼミが午後に終わると新宿から京王線に飛び乗り、芦花公園で降りる。真穂ちゃんの部屋をノックすると、たいがいの場合、彼女はTシャツ姿で昼寝をしている。学校であまりに暴れてくるので、帰宅して制服を着替えると、自動的に昼寝になってしまうのだ。わたしは眠そうな目の彼女を叩き起こし、洗面所へ行かせる。戻ってきた彼女は、本棚に置かれたヌイグルミの裏から煙草《たばこ》らしき箱を出してくる。

「悪いけど、僕は吸わないんだ。」

「いいのよ、先生。わたしが吸うんだから。」

「お母さんが入ってきたら部屋が煙だらけで、びっくりするよ。」

「あら、平気よ。先生が吸ったって思うわ。」

真穂ちゃんはしばらく前に煙草の味を覚えた。もっとも家でも学校でも、おおっぴらに嗜むわけにはいかない。彼女はわたしといっしょにいるときだけ、紫煙を心行くまで味わうことができるのだ。ハッカだろうか、シナモンだろうか、不思議な香りの煙草だった。どこか南国の乾燥した大気のもとで、密林と浜辺を眺め、鳥の声を聴いているような気持ちになってくる。いい匂いだというと、バリ島に行ってきた大学生からもらったんだと真穂ちゃんはいった。

外国語で書かれた小説というものは、翻訳でスラスラ読んでいるときと、辞書との相談で一字一句を読み進めていくときとでは、まったく違う顔を見せる。『O嬢』も例外ではなく、別に露骨なセックス場面でなくとも、小説全体にエロティックな雰囲気が充満している。真穂ちゃんがそれをたどたどしく朗読し、日本語に直す。次にわたしが彼女のわからないところを説明し、もう一度、真穂ちゃんが日本語に直してみる。最初は知らない単語の意味を探るのに精いっぱいだった真穂ちゃんも、少しずつ文意がつかめてくると、少しずつ真剣な表情になってくるのがわかった。Oは衆人の見ている前で恋人の股間から唇を離してみると、「自分の口が美しいと感じた」。真穂ちゃんはいう。先生、これってどうして美しいわけ？　わたしはうまく答えられない。彼女がわたしを揶揄《からか》っているのか、それとも本気で疑問に思っているのかがわからない。

いったい自分は何をしているのだろうと、わたしは思った。英語の家庭教師として雇われているというのは表向きで、本当は彼女に官能教育を施しているのではないだろうか。もしここに母親が紅茶とクッキーをもって入ってきたら、いったいどうなるのだろうか。

もっとも、わたしにはいかなる悪心もなかった。真穂ちゃんをちょっと面白い女の子だなとは思ったが、そこには性的な匂いはなかった。真穂ちゃんにしても（おそらくは）眼前のテクストを真剣に読んで理解することに一生懸命で、よくポルノグラフィにあるように、感極まって先生を挑発するということなど眼中になかった。

緊張した時間が経過し、1回のレッスンで予定したノルマを終えてしまうと、後は気楽なお喋りとなる。彼女はいつも学校の話をした。近くに姉妹校のような、有名な私立男子校があって、そこの写真部の暗室を借りて写真の現像の仕方を教えてもらったことがあった。教えてくれたのはその高校を卒業した先輩の大学生で、それがとっても感じがよくて、親切で、そっと近付いてくるとアラミスの香りがすっとしてくる。「ねえ、これってアラミスでしょ、アラミス、大好き！」と、真穂ちゃんは思わずタメ口で叫んでしまった。後になってこの少年がさる宮様であると知らされ、びっくり仰天したという。

別の話もあった。社会科の授業で、生徒は自分の家の月収を調べてくることになった。休み時間に真穂ちゃんが片付けものをしていると、隣で華道家の孫とさる大財閥の会長の孫が話している。一人が「うちは600万だってママがいってたわ。でも誰それさんのところは800万だって。」するともう一人が「馬鹿ね、こんな教室でお金の話をしちゃだめよ。普通の人たちはその半分とか、三分の一のお金で、毎月をやりくりしているわけでしょ。」

かたわらでそれを耳にしていた真穂ちゃんは、二人の同級生のあまりの無頓着さに驚き、「もう頭にきちゃったわ！」と語った。

「ね、ね、先生ったら聞いてよ。わたし、昨日、学校の帰りに誰に会ったと思う？」

あるとき真穂ちゃんは元気よく、ひどく興奮した声でいった。

「京王線に乗っててね、日活の人に声をかけられたのよ。風吹ジュンに似てるねって。」

ああ、それはわかるなと、わたしは思った。日活は撮影所が調布である。俳優でもないかぎり、社員は京王線を利用している。当時はロマンポルノ路線に入って5年目くらい。ようやく軌道に乗ってきたこの路線のため、新人女優の発掘がつねに必要なのだろう。

「それで、ときどきそういわれますって応えたら、よかったらうちの映画に出ないかっていうのよ。」

念のために真穂ちゃんがもらった名刺を見せてもらうと、確かに日活制作部という肩書があった。「漫画アクション」に『ジュンちゃん』という小説が連載されていて評判になっている。それを日活で映画にすることになり、主演に新人をもってきたいのだが、それがなかなか見つからなくて困っているという話らしい。

わたしはバロン吉元の『柔侠伝《じゆうきようでん》』シリーズが好きで、ときどき「アクション」を買っていた。「青春ポルノ小説」と銘打った泉大八の連載も、2、3回は読んだことがある。ジュンちゃんという女の子がHにとても興味があるのだけど、なかなか思いどおりの相手を見つけることができない。ようやく段取りが整ってという段になったけれど、スカートのなかに手が入ってきただけでびっくりしてしまい、元の木阿弥《もくあみ》になってしまうといった話の続く、微笑ましい青春小説である。

「だけど、真穂ちゃん。日活だからヌードにならなきゃだめだよ。高校、馘《くび》になっちゃうんじゃないか。」

「そうかな。やっぱりダメかなあ。つまんねえな。先生にマネージャーやってもらおうと思ってたのに。」

日活出演の話は結局断ったようだ。まあ向こうも、誰にでも気楽に声をかけ、鉄砲も数撃ちゃ当たるといった感じなのだろうとわたしは思ったが、真穂ちゃんの方はというと、どこかに未練が残っていたのだろう。夏休みに入って原作が映画化され、『感じるんです』という題名で公開されたとき、絶対に観に行こうといい張った。

「成人映画だろ。」

「だからお願いがあるのよ。いっしょについてってよ。わたしが出るはずだったのがどんな役だったのか、観てみたい。」

わたしたちはお盆の真っ最中に、新宿歌舞伎町の日活で映画を観た。外は蒸すような暑さだ。真穂ちゃんにはあらかじめ野球帽を深く被らせ、入口で高校生だとバレないようにと気遣ったが、劇場では誰もそんなことには気を留めていなかった。彼女は映画を観る前に、外に大きく貼られていたポスターを一生懸命見つめていた。泉じゅんという「期待の新人」の後ろ向きオールヌードが、そこには大きく写っている。

「わたし、この人には負けちゃうわ。すごくプロポーションがいいじゃない。お胸だってきれいだし。」

『感じるんです』は明るく軽いタッチのソフトポルノだった。井上陽水の曲が使われている。もっとも真穂ちゃんにはさほど面白くなかったようだ。映画館を出たわたしたちはシェーキーズでピザを食べながら話をした。

「わたし、O嬢とか、そういうザンギャクなのを期待していたのだけど、これって大したことないじゃない、先生。」

「そうか、第二の風吹ジュン、日活デビューは流れたなあ。」

「それよか、先生、もう一つお願いがあるのよ。」

ほら来た！　またとんでもないことを求められるのではないか。わたしは思わず身構えた。ところが真穂ちゃんがいい出したのは学校の宿題のことだった。夏休みの倫理社会のレポートがどうしても書けないから、代わりに書いてくれないかという頼みである。大昔に福永武彦の小説のモデルになった独身の先生で、美人だけれども意地悪で、いったいそんな話を聞いて何の役に立つのか、何をいっているのかさえ、さっぱりわからないという。

何だ、そんなことか。わたしは安堵《あんど》した。その前年わたしは大学で宗教学を専攻し、ゼミでは古今東西の宗教家の回心について勉強していた。そこで大学のゼミで提出したレポートの下書きを、そのまま彼女に手渡した。「マルティン・ルターの宗教的回心における夢の役割」というのがオリジナルのレポートの表題だったが、これは大学の専門課程のレポートだから、ひどく真面目な感じになっている。よくわからないところはすっ飛ばして、適当に書き直しておけば、きっと大丈夫だよと、わたしは気軽にいった。

やがて秋になり、冬になった。わたしは真穂ちゃんの家庭教師として英語の補習を続けた。もう『O嬢』はやめて、『不思議の国のアリス』を読むことにした。

あるとき彼女は、ポン！と英語の辞書を放り出した。英語なんてみんながやっているから、もうやってもしかたがない。アラビア語か中国語を勉強するんだという。両親は大反対したが、彼女の意志は固く、入試ではみごとに志望校に合格すると、中国語の授業をとることに決めた。写真部で知り合った宮様が通っていた私立大学である。田中総理による日中国交正常化を記念してパンダを贈られて以来、日本では恒常的に中国ブームが続いていた。

「それがね、聞いてよ、先生。もっとすごいことがあったのよ！」

家庭教師もこれで終わりという最後の訪問のときに、真穂ちゃんがいった。彼女はさる公的な教育機関が年に一度行なう、高校生論文コンクールで、なんと最優秀賞を獲得してしまったのだ！　わたしが冗談半分に渡したルターのレポートを半分くらい、ほとんどそのまま書き写して秋の新学期に先生に渡したところ、先生が読んで感銘を受け、本人には無断で論文コンクールに応募したのだった。真穂ちゃんは卒業式の当日にそれを知らされた。

「あの、わたしが大っ嫌いな先生がいうのよね。あなたは遅刻はしてくるし、授業中に居眠りはするし、とても問題のある生徒だと思っていました。それが最後の最後になって、卒業を目の前にして、大変立派なことをしてくれましたね。」

この教師は真穂ちゃんを抱きしめんばかりに興奮していたという。

わたしたちが話していると、母親が入ってきた。うちの娘にこんな才能があったなんて、まったく気がつきませんでしたわという。どうやら真穂ちゃんはレポート借用の一件を誰にも話していないらしい。わたしは愉快でたまらなかった。これもみんな、先生がいろいろとご指導してくださったおかげですと母親。彼女はわたしを、近いうちに銀座のフランス料理店にお招きしたいという。

コクトーは『恐るべき子供たち』のなかで、主人公のエリザベートにとっては奇跡が起きることが日常であったと書いている。その伝でいうならば、17歳の真穂ちゃんの日常も、大きな奇跡から小さな奇跡まで、ありとあらゆる奇跡で埋め尽くされていたような気がしている。

わたしはどんな人間にも、一生に一度は生きることが驚異の連続であるといった日々があっていいはずだと信じている。ある人にとってその期間はひどく短く、残余の人生は退屈で陰鬱な日々であるかもしれない。別のある人にとっては、驚異がいっこうに終わることがなく、年をとってもなお進行中だったりする。わたしはたまたま、そうした時期に差しかかった17歳の少女に出くわしてしまったのだ。

真穂ちゃんの話はここまでである。フランス料理のご招待はいつまで経っても来なかった。そのうちにわたしは外国に勉強に行ってしまい、芦花公園の方へ足を向けることはなくなった。あの後、彼女はどのような人生を送ったのだろうなあ。わたしは今でも真穂ちゃんのことを少しく懐かしく思っている。

橋本治が久《ひさ》生十蘭《おじゅうらん》の「だいこん」の少女独白体に倣って『桃尻娘』を発表する、直前のことであった。

若桑みどり

先生というと、人はどうして男性しか思い浮かべないのだろうか。

しばらく前のことであったが、高校時代の古文の先生のことが気になってしかたがない中年女性を主人公にした小説が評判になった。ああ、またこの手の話かと、わたしは読む前から関心を失った。日本で評判になる小説や映画では、先生はほとんどが男性だ。女性の場合もないわけではないが、それは独身の女教師と、彼女にいけない恋心を抱いてしまった少年といった際物メロドラマと、定石が決まっている。

日本では、女性を師と仰ぐ男弟子という物語は成立しないのだろうか。文科系大学院で女性の研究者が日増しに増えているという現状を考えてみると、そうした物語が集合的想像力として共有されていないのは不自然であり、残念な気がしている。短いものでいいから典型的な女師匠と年少の少年弟子を描いた小説が書かれたならば、川端康成の『伊豆の踊子』のように国民的なメロドラマとなりうるのではないだろうか。

わたしが美しい例外として思い出すのは、大田垣蓮月《おおたがきれんげつ》と富岡鉄斎の物語である。蓮月は幕末の京都に生きた女人で、夫亡き後、埴細工《はにざいく》（陶芸）を学び、その方面で高く評価されるようになった。齢《よわい》60のとき、ふとした偶然からある貧しい少年に出逢い、その非凡な才を見抜くと、侍童としてかたわらに置いた。少年は蓮月のもとで学び、後に画人として名をなした。鉄斎である。鉄斎は蓮月を畏敬しつつ画業に邁進《まいしん》し、二人は45歳の年齢差にもかかわらず、互いに深い友愛の念を抱いていた。

若桑みどりさんが亡くなられてもう17年の歳月が経ってしまった。生きている間は畏《かしこ》まって先生だなどと思ってもみなかったが、今にしてみると、わたしが研究者としての岐路に立ったびに、彼女は的確な指示をわたしに与えてくれたことが思い出される。わたしは彼女の助言から何かを読み取り、それは後の研究や著作に大きな影響を与えることになった。若桑みどりは重要な先行者として、わたしの探究を方向付けてくれたのである。

あれはピーター・ブルックが大作『マハーバーラタ』を発表して話題を呼んだ年だった。アヴィニョン演劇祭で三日三晩にわたるこの舞台を観たわたしは、そのまま南路を取ってイタリアへ向かい、シチリアを廻った後、ローマからコロンボへ向かう深夜便の飛行機に乗った。どうしてコロンボかというと、エアランカ航空（当時）のローマ・東京便が格安であったためである。週に一度しかないこの便は、途中コロンボで2泊しなければならない。航空運賃のなかにはこのホテル代も含まれている。ところが1980年代のスリランカは民族対立が激化して治安が悪く、あちらこちらで爆弾テロが起きている。よほどのことがないかぎり、日本人は二の足を踏むという状況だった。

コロンボの空港に降り立ち、タクシー乗り場から指定されたホテルに行こうとしたとき、わたしは目の前の、小柄で黒衣の女性が大声を出して運転手に命令しているのを目撃した。運転手は荷物をトランクに入れようとしているのだが、その女性は「これは生命《いのち》より大切なものだから。」といって、どうしても後部座席に持ち込もうとする。運転手はその権幕に脅えている。女性はわたしと同じく、格安のエアランカにローマから乗ってきた日本人だった。

どこかで見たことのある人だ。そうだ、教育テレビで西洋美術史の番組によく出ていた、若桑みどりさんだ。わたしは「ユリイカ」という雑誌で同じときに連載をしていた者ですと自己紹介をし、どうやら目的地のホテルは同じようなので、よろしければタクシーでいっしょに参りませんかと提案した。彼女の答えがふるっていた。「いっしょに乗ってあげてもいいけど、あなたは山梨県出身じゃないこと？　わたしは別れた夫を含め、山梨出身の悪いヤツを三人知っている。夫の複数の愛人をはじめ、離婚の顚末《てんまつ》をすべて実名入りで小説にしてやるのが、わたしの夢なのよ。」

初対面の2分間でこんなことを話す女性が、いったい日本人にいるだろうか（ニューヨークやテルアヴィヴにはいそうな気がしているが）。これが若桑みどりさんと最初に交わした会話だった。

わたしたちはコロンボ郊外のプール付きホテルで2泊した。政治情勢の悪化のおかげで、外国人観光客はほとんどいない。2日目の朝、若桑さんは提案した。世界中のどの大都市にあっても文化の水準を示しているのはミュージアムです。コロンボにも国立博物館があるはずです。今日は日曜よ。今から行きましょう！

わたしがコンシェルジュにタクシーを頼もうとすると、彼女はそれを止めた。タクシーに乗っているようでは民衆の心はわかりません。バスに乗りましょう。

40分ほど待ってようやくバスが到来した。満員ではあったが、わたしたちは運よく最後部座席に座ることができた。バスは小川に沿ってどこまでも進み、さらに40分ほどかけて市内に入った。ひどく暑い。小川では子供たちが水遊びをしたり、水牛を洗ったりしている。

「ヨモタさん、ここはインドよ！　まさにアジアよ。ショトジット・レイの映画そっくりよ！」

若桑さんは子供のように興奮していた。その声があまりに大きいので、満員バスのなかで立っている乗客たちは、心なしか怖がっているような顔を見せている。

信じられないことに、国立博物館は閉まっていた。若桑さんは守衛に向かって、自分は世界中の博物館を見てきたが、日曜に閉まっているところなんて初めてよといった。気の弱そうな守衛は何のことか理解できず、困り果てたような顔をしていた。わたしはいつもここにいるだけで、建物のなかに何があるかを知らないのです、入ったこともないのですと、申し訳なさそうにいった。

若桑さんは憤懣《ふんまん》やるかたない表情である。こうなったらコロンボで一番高いレストランに入って、お食事をしましょうと提案した。わたしたちは冷房の効いた、いかにも高級そうな店に入り、前菜にエビのカクテル、メインにロブスターを注文した。２皿ともほとんど同じで、マヨネーズを載せたレタスがあり、エビの大きさだけが違っていた。

「それであなたは何を勉強しているわけ？」御下問があった。

「映画です。いろいろな国の、いろいろな監督の。」

「じゃあイタリア語はできるわね。」

「？」

「イタリア語もできないのに映画を専攻しているの。それは映画に対する侮辱です。今すぐイタリア語を勉強しなさい。」

「僕のいた大学ではイタリア語を教える先生がいなかったのです。」

「じゃあ、わたしのところに来なさい。上野の芸大で、2学期からちゃんと教えてあげます。生徒は全員が声楽家の女の子で、おまけに教師の発音はバッグンよ!」

結局、わたしはそのときは若桑さんの授業に通うことはしなかった。帰国後、しばらくしてニューヨークに留学してしまったからである。けれどもイタリア語のことはそれ以来気になっていて、結局、東京とイタリアの語学学校に通って勉強することになった。勉強が一段落したので、もっと本格的にイタリアの大学に研究者として滞在したいと若桑さんに相談したところ、即座に、あなたが行くべきところはボローニャのDAMS(芸術学部)しかないはずよと宣言し、なんとその場で紹介状を認《したた》めてくれた。こうしてわたしの現在にまで続く、パゾリーニ研究が開始されたのである。

翌年の夏、わたしはフィレンツェで若桑さんに再会した。彼女は近郊の高級避暑地フィエゾレに夏ごとに家を借りていて、そこにわたしを招いてくれたのである。それは今にして思えば、自分が過ごしてきた数多くの夏休みのなかでも、もっとも優雅で美しかった夏休みだった。

わたしがイタリアから東京に戻ってみると、若桑さんはいつの間にか東京芸大をやめ、千葉大に移っていた。当時の彼女の関心は西洋美術史を離れ、もっぱら第二次世界大戦下における日本の視覚映像の分析に移っていた。女性を戦争に動員するためにどのようなプロパガンダがなされ、「主婦之友」をはじめとする「婦人雑誌」がそれにいかに加担していたかといった問題である。本多勝一や井出孫六といったゲストを千葉大に招き、日本兵の中国での残虐行為や残留孤児問題について討議がなされた。わたしも招かれて、映画における戦争表象について発表するように求められた。このときわたしが選んだのが日本軍の中国侵略下において制作され、大ヒットとなったメロドラマ、『支那の夜』である。それがきっかけとなって、わたしは主演女優である李香蘭《りこうらん》（山口淑子《よしこ》）に会い、彼女について2冊の書物を著し、編集することになるのである。

侵略戦争期における日本の女性表象について分析的著作を纏めた若桑さんは、さらに大きな領域へと向かっていった。日本美術をアジアという大きな文脈のなかで歴史的に考察するという作業である。岡倉天心が「アジアはひとつ」という発言をして100年目にあたる2002年12月、彼女は松本健一とわたしを誘ってニューデリーに赴き、インドの知識人たちとの共同討議に参加した。もっともそれ以前から、彼女は客員研究員として、デリー大学に長期滞在していた。

実をいうと、わたしは一度だけであるが彼女の申し出を断っている。彼女はデリー大学客員研究員の任期が終わろうとするとき、わたしを後釜に推挙してくれたのである。これは辞退するしかなかった。同じ時期にソウルの大学で教鞭を執ることがすでに決まっており、その手続きをすませた直後だったからである。わたしは彼女を失望させることになったが、それは致し方のないことだった。

まだ東京外国語大学が府中に移転する前、西ケ原にあったころの話である。アジア・アフリカ言語文化研究所の川田順造教授の提案で、人類学から哲学、音楽学、演劇学といった専門を越えて身体動作と音と図像を論じ合うという、大スケールの研究会が企画された。三十人ほどの研究者と芸術家が参加し、中世神道研究家や比較音楽学者はもとより、なかには詩人やピアニストの姿もあった。わたしもまた無声映画について発表を求められた。

研究会は2年がかりで無事に終了し、共同討議の刊行が決定した。打ち上げの会場には鏡開き用の菰樽《こもだる》が運び込まれ、華やかな雰囲気のもとで研究終了が宣言された。百人ほどの人がいたと思う。わたしもまたいい気分になって誰かと話していると、突然どこからかイタリア語が聞こえてきた。聞き覚えのある声だ。しかもわたしを呼んでいる。

「ヨモタさん、こっちへいらっしゃいよ。このパーティは馬鹿で退屈な学者ばかりよ！」

若桑さんの声だった。声はだんだん大きくなっていく。

「ねえ、聞こえないの。馬鹿ばかりで退屈してるでしょ！」

これは絶対に駆け付けなければいけない。イタリア語は日本のアカデミズムではそれほど一般的な言葉ではない。しかしもしこの会場にイタリア人がいたり、林達夫のようなイタリア語に堪能な人がいたら？　わたしはただちに声の方へ向かい、若桑さんを見つけ出した。

「なんだ、やっぱりいたんじゃない。李香蘭の本はどこまで進んでいるの？」

「まだ書く決心がつかないのですよ。そういえばこないだ、上野千鶴子さんとの対談で、スリランカでヨモタにナンパされちゃってって話してましたね。」

「ナンパ！　わたくしはそんな下品な言葉は、今まで一度も口にしたことがありません！　わたしの辞書にはありません！　ナンパだなんて！」

「だって、『すばる』にそう出てましたよ。」

「まあ！　わたしとしたことが！」

「いや、ナンパじゃなかったかな。ともかく話が盛り上がっちゃって、二人で乾杯したとか。」

わたしは若桑さんから多くのことを学んだ。それはマザッチョやカラヴァッジョの絵の見方だったり、サヴォナローラという知識人の偉大さであったり、イタリア文化をめぐるさまざまなジャンルに及んでいた。だがそれ以上にわたしが強い印象を受けたのは、彼女の言葉の端々に見られる、人間と文化一般への敬意だったような気がしている。

ボローニャでは、スパゲッティにかけるミートソースに決まった定番があるわけではない。ある家では鶏のモツを混ぜることもあるし、ある家では豚のミンチを用いない。生クリームをの家それぞれの家のレシピにはそれぞれの家の記憶が隠されているから、料理書だけを読んでわかったふりをしてはいけない。

長い時間にわたって一軒のリストランテの変化を眺めていると、いろいろなことがわかる。フィレンツェのドゥオーモの裏の、ごちゃごちゃした路地の奥に、なんだか薄汚い食堂《トラットリア》があって、見たばかりのミケランジェロに圧倒された貧乏な留学生が独りっきりで倹《つま》しい昼食をとるにはふさわしいところだった。ローマでオリンピックが行なわれはしたが、まだまだイタリア全体が貧しかったころの話だ。それが何年かが経ち、一応研究の成果が見えたところで再訪してみると、小ざっぱりとしたリストランテに変わっていた。その後もときどき訪れると、そのたびごとに店は改装を重ね、いつしか威厳ある雰囲気を醸し出すまでになった。店主もまた老いて貫禄《かんろく》を見せ始めた。路地はいつの間にかキレイに区画整理され、店はガイドブックに掲載されるまでに有名になった。今では最初の何倍もの広さになり、ビステカ（イタリア語でビフテキのこと）専用の巨大な炉を構えるほどである。日本人観光客の姿も珍しくない。

お店の変化は人間の一生と同じよ。

東京ではね、ゴミはただゴミにすぎなくて、できるだけ眼に入れたくないものだけど、ローマではゴミの散らばり方がすでにアートなのよ。

ナポリで一番偉いのは、黒い服を着た小柄なお婆《ばあ》さん。そういう女性が自動車がびゅんびゅんすっ飛ばしている大通りの前で立ち止まっていたら、たまたま傍にいた男は彼女の手を引いて、絶対に通りの向こう側まで連れて行かなければいけない。信号とか横断歩道とかは一切無視。車の方も同じで、そういうお婆さんを見かけたら、急ブレーキをかけてでも絶対に停《と》まらなければいけない。ナポリがいつも交通渋滞なのは、そういうお婆さんがたくさんいるからなの……。

若桑さんは71歳で亡くなられた。日本の大学に提出する博士論文を執筆中、机に向き合った姿勢で、そのままこと切れたのだと聞いた。わたしがコロンボで逢ったときが49歳だったから、22年の付き合いになる。コロンボでは、下北沢の狭いアパートで子供たちが寝静まるのを見て卓袱台《ちゃぶだい》に原稿用紙を拡げて論文を書いているのだと話していたが、晩年はどうだったのだろうか。お子さんたちも独立して家を離れていただろうから、たぶん静かな書斎での執筆だったと思う。

若桑さんがもし生きていたら聞いておきたいことが二つある。一つはインドのことで、もう一つは信仰に関わることだ。

「アジアに来たのは初めてよ。ここはインドよ！　ショトジット・レイの映画そっくりよ！」と、コロンボで無邪気に興奮していた彼女は、何が転機となってニューデリーに長期滞在し、ゴアやコーチンを頻繁に訪れて、天正少年使節についての大著を執筆することを決意したのだろう。中世ルネッサンスの専門家であったにもかかわらず、研究者としての人生の後半に守備空間を大きくシフトさせ、インドへとのめり込んでいったのだろう。

もう一つ知りたいのは、彼女の墓は谷中《やなか》の禅寺にあると聞いたが、葬儀がカトリック教会で行なわれたことの意味である。ひょっとして教会と寺院に分骨ということなのか、わたしは知らない。最初にコロンボで逢ったとき、若桑さんはたしか、「ヴァチカンはわたしの生涯の敵です。」と断言していたではないか。わたしは彼女に回心を促したものが何だったのかを知りたいと思う。おそらくそれは、彼女が『皇后の肖像』や『聖母像の到来』といった晩年の著作を準備し執筆しているときに生じた事件なのだと思うが、それが著作の方向をどのように変更したかを、静かに考えてみたいと思う。

わたしがかつてコロンビア大学で謦咳《けいがい》に接したエドワード・W・サイードに『晩年のスタイル』という批評書がある。世間的にも名声を得、誰もから期待されるイメージを与えられてきた偉大な芸術家や思想家が、最晩年に達したとき思いがけない作品を発表し、周囲を驚嘆させるという現象について、ベートーヴェンやランペドゥーサ、イプセンといった例に言及しながら論じた書物である。思うに若桑さんのカトリックへの帰依は、まさにその晩年様式の典型ではないだろうか。

人間とは変化するものである。好機を得るならば知的関心はつねに未知へと向かい、それに応じて行動空間も展開してゆく。わたしはその理想的な例を若桑みどりに見ている。わたしは彼女から多くのものを教わったが、たぶんこの回心が、彼女がわたしに示してみせた最後のレッスンではなかったかと思っている。

合田佐和子

合田《ごうだ》佐和子さんとはいつの間にか知り合いになっていた。わたしの記憶のなかでは彼女はいつも白い服を着ているのだが、これはよくわからない。会ったときにたまたま白いブラウスを着ていたというだけだったのかもしれない。そんなわけで、最初の出逢いが何であったかもよく憶えていない。

1985年にオックスフォードで戦後日本の前衛絵画の大きな展覧会があり、わたしはそこに呼ばれて講演をした。海外での発表は生まれて初めてだった。それが契機となって、帰国後に何人もの美術家と会ったり話したりする機会ができた。赤瀬川原平《げんぺい》、谷川晃一《たにかわこういち》、秋山祐徳太《ゆうとくたい》子《し》、中西夏之《なつゆき》といった、かつての読売アンデパンダンの面々である。佐和子さんと会ったのはそのころだ。

わたしを彼女に紹介してくれたのは、白石かずこの娘で抽象画家の由子《ゆうこ》だったのか。読売アンパンの仕掛け人、海藤《かいどう》日出男のところのお転婆娘で、当時オックスフォードで勉強していた和《かず》であったのか。これもまた記憶が朧気になってしまい、正確に思い出せないのが残念だ。そのころのわたしは人から呼び出されたり人を呼んだり、とにかく毎日のように夜になると多くの人と会っていたのだから、どこかで彼女に出逢っていたのである。

天井桟敷《てんじょうさじき》を主宰する寺山修司の舞台は、よく通って観ていた。渋谷の西武劇場（当時）で上演された『中国の不思議な役人』も、『青ひげ公の城』も、それからこれは映画だが、『上海《シャンハイ》異人娼館《しょうかん》』という、いささかおどろおどろしい題名のフィルムも観ていた。こうした一連の作品のポスターの絵を描き、あまつさえその美術まで手がけていたのだから、佐和子さんという美術家がどのような世界を創造してきた人であるかは知らないわけではなかった。

わたしには奇妙な癖があって、まったくその人の世界を知らず、関心をもっていない場合には、気楽に話しかけることができる。その世界に深い魅惑を感じている場合にはそうはいかず、どうしてもその人物の作品や発言を念頭に置きながら話すことになり、えてして緊張しがちだ。ところが佐和子さんの場合は違った。初対面のときから遠慮なく、「今、ここで」の場所に立って話してくれる人だと知って、こちらも緊張を解いて話すことができた。やがてわたしは気が付いた。「思い立ったらすぐ」というのが、彼女の行動様式なのだ。

如月小春《きさらぎこはる》の誕生会があるというので出かけていったら、そこに佐和子さんが招かれていたこともあったし、誰かが銀座で開いた個展のヴェルニサージュでばったり出逢うということもあった。浜松町のギャラリーで白石由子の個展があり、詩人の吉岡実《みのる》さんとエレベーターのなかでばったり会ったので、その流れで三人でお茶をしたこともあったっけ。といってもわたしは美術評論家ではないから、面と向かって彼女と美術の話をするわけではない。話題はもっぱら、当時彼女が夢中になっていたエジプトだった。エジプトは巨大な死の国で、もうすぐ娘二人を連れて移住することにしたのよ。もう一生、日本には帰らないわ。

1980年代は雑誌に強い勢いがあった時代である。「朝日ジャーナル」という週刊誌が何か特集を組むたびに、それが学生たちの話題となった。1985年の新年号で、わたしと佐和子さんは、前田愛さんと三人で、いわゆる「新春放談」というものをしている。どうしてこうした奇想天外な組み合わせになったのか。佐和子さんは当時、髑髏《どくろ》を素材とした「スケルトン・ボックス」という衝撃的作品で知られていて、エジプト定住を宣言しており、滞在記を「ジャーナル」に連載することが決まっていた。彼女はその打ち合わせもあって、「ジャーナル」編集部と親密な関係にあった。わたしは同じ雑誌で映画評のコラムを担当しており、近々ニューヨークに留学するので、その滞在記の連載を依頼されていた。そこでこの二人に加えてもう一人、文学方面で新風を巻き起こしている学者に声をかけて、何でも好きなことを喋ってもらおうと、編集部が思いついたのである。それが前田さんで、彼は当時まだひどく保守的な「国文学界」(と当時はいい習わしていた)に都市論や記号論を持ち込み、その新風が年配の学者たちから「お先棒担ぎ」と揶揄《やゆ》されていたのである。

三人の鼎談《ていだん》はもういいたい放題で、まさに「放談」の名にふさわしいものだった。「出口のない逆ユートピアへ　行きつくところまで行くしかないんじゃない？」と銘打たれたこの鼎談では、各人がまったく気ままに好きなことを話している。前田さんは「昭和という時代が長く続きすぎて、もうみんなウンザリしている。」といい、これからの社会はドラマなき逆ユートピアになるだろうと宣言した。わたしが社会がどんどん母性の側に向かっていくと、すべてが同質化されて吸収されてしまうだろうというと、佐和子さんが、それはちっとも気持ちがよくない。官能的でないし、喜びがないと、即座に否定する。

前田さんが、今の日本では父親が弱すぎて、今世紀末には母親殺しの主題が浮上するのではないかといい、佐和子さんが、どうせ何をやっても五十歩百歩なのだから、「一気に素朴に、アルタミラの洞窟くらいのところまで行っちゃった方がいいんじゃないの。」と混ぜっ返す。わたしが、これからは従来のヒエラルキーが通用しなくなり、すべてのガラクタが等価値になるのではないかと発言すると、佐和子さんは、自分は「消しゴムと自分の違いがどこにあるかってわからないくらいの、等価値観をもってました。」と応じている。

40年近く後になってこの鼎談を読み返してみると、バブル経済の直前、オウム真理教事件も福島の原発事故も知らなかった1980年代とは、まだまだノンビリとこんな予想を立てていられた時代だったのだなあという気がしないでもない。この後、日本は取り返しもつかない厄難にどんどん巻き込まれていくのだが、三人ともその到来にうすうす気付いてはいても、それを予測することができず、奇妙な未決定感のもとにある。天変地異が起きる直前の、奇妙に宙ぶらりんであった時間が漂っている。わたしが憶えているのは、この鼎談のときに出された握り寿司を、前田さんが二つずつ指でつまんで食べていたことだ。わたしはひどく驚いたが、彼が研究した江戸や明治の文化にそのような伝統があったのかもしれないと思い、黙っていた。

もっとも佐和子さんの発言で面白いところは残らず削られている。彼女は千円札を伊藤博文ではなく坂本龍馬にするべきだと熱弁を振るい、パリで食人事件を起こした佐川一政《いっせい》は現代の英雄だと主張した。よく憶えていないが、ヒトラーについても何か話していたはずである。おそらく「ジャーナル」編集部が、これは「危険」だと判断して削除したのだろう。

美術家としての合田佐和子については、2022年に高知と三鷹《みたか》で開催された展覧会のカタログに書いたので、ここでは論じることはやめておこう。そこに書かなかったことでわたしが驚いたときのことをいくつか、手短に書いておきたい。

佐和子さんは猟奇殺人一般に強い関心を抱いていた。とりわけ佐川一政に深い関心を抱いていたことは、先に書いたとおりである。今ではもう記憶している人もそういないかもしれないが、1981年にパリに留学していた日本人学生がオランダ人の女友だちルネを殺害し、その肉を食べてしまったという事件のことである。

　事件が発覚してパリは大騒ぎとなり、それが日本にも報道されるとさまざまな論議が飛び交った。佐川はただちに逮捕されたが、精神鑑定の結果不起訴処分となり、フランスの精神病院に送られた。佐川はその後日本の病院に移り、「症状が安定」したというので退院。それ以来、現在に到《いた》るまで、彼は一般人としての生活を営みながら手記を発表したり、事件をめぐるドキュメンタリー映画に出演したりして、数年前に人知れず没した。それだけでも驚くべき事実であるが、ルネの等身大の人形を制作して彼女の両親に送り付けたりもした。加えてルネの検死写真が、どのような経路を経てそうなったのかはわからぬまま、警察外部に流出したりすることがあり、事件は終了後もまさにおぞましい後日談を残すこととなった。

　佐和子さんは事件から2年後の1983年、「Renée」と題するパステル画を発表している。佐川が殺害した女子大生の肖像画である。もっともただの肖像画ではない。ルネは全裸であり、右手と右足は皮膚が剝がされ、骨と筋肉が剝き出しになっている。そればかりか腹部は内臓という内臓が抉《えぐ》り取られ、神経とわずかな血管を残すばかりだ。その上部に肺が二つ、エビの甲羅のように取り付けられている。だがよく見ると、右足も肺も機械仕掛けの人形の部品であるようだ。つまり彼女は、あらゆる部分が取り外し可能な、人体模型に似た人形であるようにも見える。とはいうものの、わたしにとってもっとも衝撃的だったのは、その頭部だった。彼女はかわいらしいおかっぱ頭で、ルージュを紅《あか》く引き、眼を明るく見開きながら微笑していたのである。

合田佐和子はこのパステル画以前、1970年代に、グロテスクな美男美女の油彩肖像画を数多く制作している。そこに描かれている多くはハリウッドのスター俳優であり、彼らはわずかにフォーカスを外され、その結果、曖昧な輪郭を与えられることで、冥界《めいかい》から蘇《よみがえ》ってきたかのような雰囲気を醸し出していた。ルネの肖像画はそうした演出とは異なっている。彼女は人体模型のような規範的な体形をし、明るい表情を見せている。いかにも自分が腑分《ふわ》けされ、五臓六腑を公の眼に晒《さら》していてうれしいといった表情が窺われ、それが絵画全体にいいしれぬ不気味さを与えている。

わたしが驚いたもう一つの作品は、彼女が最晩年の中上健次の新聞小説『軽蔑』のために描いた挿絵である。二百数十回にわたる連載の一回一回のため、彼女はただひたすら人間の片眼を描いた。毎回異なった眼だけを描き続けたのである。

いったいこれは何を意味しているのだろうか。わたしがただちに想起したのは中近東で用いられる、巨大な眼を象った魔除《まよ》けだった。エジプトに長期滞在中、彼女はいくたびとなくこの不思議な飾り物に出くわしたことだろう。だがよくよく考えてみると、合田佐和子の作品はさまざまな眼であふれ返っていたのである。初期には眼球だけのオブジェが数多く制作されている。掌《てのひら》に片眼だけがついていたり、巨大な眼球の蛇が絡みついているといったものもある。70年代にはハリウッドのスターを素材とした油彩が次々と描かれたといったが、そこでももっとも精緻に描かれていたのは眼であり、眼差《まなざ》しのアクセントがほんのわずか変化するだけで、素材となったブロマイドやスチール写真とは似ても似つかぬグロテスクな表情が醸し出されるのだった。

極めつきはポラロイドカメラによる写真作品である。彼女は被写体に眼を閉じることを求め、瞼《まぶた》に巨大な眼球を描いた上で撮影した。この人工的な眼はタトゥーのようでもあったし、蛇腹のようでもあった。顔全体が蛇皮を思わせるレースと重ね合わされ、眼がそのなかに埋没している作品もあった。

どうやら合田佐和子にとって眼球とは、生涯にわたるオブセッションであったようである。彼女はルドンが描いた巨大な眼球の版画を愛し、宇宙空間にあって星が年老いて超新星と化したとき、その形状が眼玉のようになると聞いて、ルドンの炯眼《けいがん》に感動した。エジプトでは砂漠に昇る日の出を目撃し、それが巨大な瞼が薄目を開けるようだと感じた。太陽はまさに赤ん坊のように光る大眼球だったのである。

佐和子さんは2016年、75歳で身罷った。翌年、港の人から『90度のまなざし』と題するエッセイ集が刊行された。初めて目にするエッセイが大半で、そこにはわたしの知らない、不思議なエピソードが数多く掲載されていた。

子供のころ、学校の教室に並べられていた机の角が怖くて、長い間、教室に入ることができなかったこと。その代わりに河原に出て、石を積み上げて巨大な鰐《わに》を創り上げ、その背中に跨《また》がって西空を真っ赤に染める夕陽《ゆうひ》を眺めていたこと。何種類もの蛙を飼い、やがて愛の対象がシマヘビ、青大将、ボアといった蛇に移って行ったこと。二児の母親になっても、こうした嗜好にはいっこうに衰えがなかったこと。朝ごはんの席でシマヘビが生卵を吞み込むときの優雅さ。友人が手術して死んだばかりの馬の生首を運んできたので、懸命に肉の部分を剝ぎ取ってそれを骨にしようと試みたこと。佐和子さんは哺乳類はもとより、昆虫から爬虫類《はちゅうるい》、両生類にいたるまで、あらゆる生物に直接的な親近感を寄せることに躊躇しない人物だった。親友の詩人が訪れて、なんだかこの部屋は臭うわねといっても、いっこうに意に介さなかった。

『90度のまなざし』を読んでいてもっとも驚いたのは、彼女が中学生のころに左眼に難を受けたと知ったことだった。夕食の後、火鉢の炭火が弾《はじ》けて左の眼に飛び込んでしまうということがあったらしい。

「ぎゃっと叫んで鏡を見ると、なんとあの黒かった瞳がなくなってただのまっ白な目玉になっているではないか。すっ飛んでいった眼科医は特別に大儀そうにピンセットをつまむとペロリと皮をむくように目玉にできていたらしい薄い膜をはがした。すると手品のように元通りの黒い瞳が現れて、もちろん薬もつけてくれない。」

　結局、このときは何ごともなく、失明を免れた。単に白い炭火の灰が目に被さったというだけのことだったのかもしれない。だがこのときの体験は後々まで佐和子さんにトラウマを残したようである。白いものを見ることができなくなってしまったのだ。

「翌朝、白米のごはんや白い陶器のお茶碗《ちゃわん》がまぶしくて涙がとまらず、サングラスをかけて中学校へいった。ノートをはじめチョークブラウスみんな涙。そんな涙とサングラスの日々が半月もつづいて、今でも白いものを見ると反射的にまぶたが閉じてしまう。」

　そうか、そうだったのか。彼女が眼球に拘泥し続けてきたのは、この事故に由来していたというわけなのか。この事実を知った瞬間から、わたしには急に合田佐和子の存在が神聖なもののように思えてきたのだった。

　しかし、そうとわかると、かえって気になることが出てくる。どうして彼女はいつも白い服装をしていたのだろう。本人の言によれば、真夏は室内で50度、砂地では70度というエジプトの「灼熱《しゃくねつ》地獄」に、19歳と12歳の娘二人を連れて移住するという、人が聞けば無謀としか思わないようなことをあえて実行したのはどうしてだろう。いくらナイル河が心の慰めになるとはいっても、砂漠の強烈な陽光は彼女の眼を傷めたはずである。

実は眼の受難はさらに続くことになる。60歳くらいのころ、今度は右眼が見えなくなってしまったのだ。そこで佐和子さんは眼を瞑《つむ》ってドローイングを開始する。視覚的な束縛から完全に解放された場所に身を置いて描き続けること。この新しい体験に彼女は歓《よろこ》びを感じる。それは「ブラインド・ノートブック」と題された4冊の画帳に残されることになった。

わたしはこの時期の作品を見ていないが、盲者の描く絵画に強い興味をもっている。なぜならば、長らく旧約聖書外典とされてきた『トビト記』の挿話に明らかなように、眼の本質的な役割とは見ることではなく、涙を流すこと、かたわらの者を襲った不意の厄難に心を動かし、泣くことを通して共感を示すことにあると信じているからである。(わたしは以前、『摩滅の賦』という書物のなかで、この挿話を取り上げたことがあった)。

晩年には気楽に会うことがなくなっていたが、合田佐和子はその作品を含め、わたしの思い出のなかに、畏怖すべき謎として留まっている。これからも時間が経過するにつれて、その思いはますます強くなることだろう。

如月小春

如月小春の存在を初めて知ったのは1980年、ソウルでの外国人教師の職を畳み、東京に戻った直後だった。この時期、わたしは目の前の世界が一気にどんどん拡がっていくのを感じていた。

東京大学駒場校舎の学生寮の裏側に、学生専用の食堂と理髪店があった。1970年代の中ごろ、わたしが誰にも会わずに大学院で論文を書いている間に、この「寮食北ホール」なる食堂はいつしか「駒場小劇場」となっていた。如月小春はここで夢の遊眠社の舞台に立っていたらしい。ときには「ベルばら」のオスカル様のように、みごとな男装で現れることもあったと聞く。もっともわたしが出逢ったころ、彼女は東京女子大に拠点を置く劇団綺崎《きき》で演出に専念していた。わたしは彼女の舞台姿を直接に観たことはない。

わたしをこの小劇場へ導いたのは、大学院の同級生である。彼は如月と親しいようで、彼女のことを本名でマサコと呼び捨てにしていた。わたしが最初に観たのは、『家、世の果ての……』という作品である。細部の再現には自信がないが、当時の観劇メモを参考にしながら、大筋を紹介しておこう。

飼い犬を連れてスーパーマーケットにお使いに出た少女が、夕暮れの街角で三人の肉屋に出逢う。肉屋の一人は、妻が人造人間と昵懇《じっこん》であることに悩んでいる。彼は妻の行方を探し、少女はいなくなった犬を探す。少女がいつまでも帰ってこないので、今度は彼女の母親が少女を探し始める。すると肉屋たちは人造人間と化している……以上が100年前に東京都武蔵野《むさしの》市で起きた事件なのだという説明がなされる。今では吉祥寺はすっかり廃墟と化してしまっているのだ。これが『家、世の果ての……』の物語である。

当時は知るよしもなかったが、この舞台には後に社会学者となる吉見俊哉《しゅんや》がスタッフとして参加していたと後で聞かされた。観終わると、客席の前方にいた学生がわたしの方にやって来て、「はじめまして。浅田彰といいます。」と、礼儀正しく挨拶をした。わたしは彼が何をしている人なのか、自分がなぜ挨拶されるのかを、まったく理解できていなかった。

大学院の同級生に如月小春を紹介され、観たばかりの作品についていろいろと説明されているうちに、わたしは彼女の構想している演劇が面白いと直感した。工場と都市の匿名性と反復性。人間の汗や臭いの一切を遮断したところに出現する、それ自体は本質的に廃墟と化してしまった都市。話しているうちに彼女が1920年代のモダニズム文化に、素朴な憧れと好奇心を抱いていると知った。だが彼女の描こうとする光景は、当時少しずつ知的流行となろうとしていた「ポストモダニズム」のそれに近かった。

3年後、如月は『家、世の果ての……』を自分独りで再演してみせた。舞台には数台のテープレコーダーとゴミ箱、顔のない少女の肖像画といったガラクタが無造作に散乱していて、登場人物たちのすべての音声はあらかじめテープに録音されていた。彼女は舞台に現れると、いくつかの楽器を簡単に演奏はしたが、中心はもっぱらテープレコーダーの操作だった。ここに時代の文化流行の最先端があるのだと、わたしは感じた。

思えば東京に戻ってくる前、わたしが観ていた芝居とは、ソウルの学生たちが当局の目をかい潜《くぐ》りながら秘密裡《ひみつり》に上演していたキム・ジハの戯曲だった。正式に発声法を習ったことなどない学生たちである。連日の公演で声が掠《かす》れ、それでも演劇への情熱だけを頼りに舞台を続けていた。如月の舞台はまったく異なっていた。彼女は汗や汚れとは無関係だった。人間の希望にも屈辱にも無関心で、ただ人間と非人間の境界が曖昧となるような空間の探究だけを考えていた。

何年か前に一度、家を出たことがあって、喫茶店でしばらくアルバイトをしていたのよ。如月小春は突然にそういった。それがこの作品のきっかけ？　わたしが無邪気にそう尋ねると、彼女は、戯曲は100パーセント頭のなかで作り上げるもので、体験がどうのこうのということは絶対ないと答えた。

如月小春の舞台は既成のアングラ劇から隔絶していた。扇田《せんだ》昭彦のような批評家は彼女をいち早く評価したが、60年代のテント芝居世代はいっせいに反撥《はんぱつ》を示した。汗の臭いも歌謡曲のノスタルジアも不在だからだ。そのために彼女は演劇人の集まりの場で、しばしば酷《ひど》い言葉を投げ付けられた。わたしは黒テント芝居のイデオローグである佐伯《さえき》隆幸《りゅうこう》を一度、綺崎の舞台に誘ったことがあった。彼は端的に拒否反応を示した。こんな芝居に出演する男の気が知れねえなと、一言いっただけだった。

あるとき如月小春は、マルクス兄弟の映画を観てみたいといった。そこでわたしは新宿歌舞伎町のアングラ劇場に彼女を連れて行った。わたしたちは長谷川堯《たかし》の『都市廻廊《かいろう》』という書物をいっしょに読み、タルコフスキーのフィルムに熱中し、高橋悠治《ゆうじ》の弾くサティに夢中になった。

わたしの最初の評論集を編集してくださった「エピステーメー」の中野幹隆さんが、だったら二人で一冊の本を作りましょうよと声をかけてくれた。題名はただちに決まった。マルセル・デュシャンの不思議なタブローに因んで、「おまえは、わたしを……」だった。中野さんはこの題名に夢中になり、一刻も早く原稿を揃《そろ》えてほしいとわたしたちに催促した。

1980年代の最初の数年を振り返ってみると、わたしと如月小春は実に頻繁に会っている。

わたしたちは日本テレビの洋画劇場で、映画解説を行なった。正月にはそれぞれが振り袖と紋付を着、『ビッグ・ウェンズデー』からポランスキーの『テス』まで、次から次へと映画を紹介した。雑誌で対談をし、インタヴューでお互いの仕事のことを尋ねられ、パーティでいっしょに福引大会の司会を務めた。

といっても、わたしは如月小春と何を話していたかについてほとんど憶えていない。わたしが記憶しているのは二つだけ。彼女が韓国・中国を含め、アジアの都市にまったく関心をもっていなかったことと、ほとんど何も食べようとしなかったことである。都市の劇作家という触れ込みであったにもかかわらず、彼女は抽象的な理念でしか都市に接近しようとしなかったように思える。わたしは（後にリサーチでジャカルタの集落《カンポン》に住み、コソヴォの難民キャンプで日本語を教えることになるのだが）当時から都市の周縁の混沌《こんとん》とした空間に深く心を寄せていた。しかしこうした臨界領域ほど彼女と縁のないものはなかった。如月小春が新たに「NOISE（ノイズ）」という演劇集団を立ち上げたとき、わたしは違和感を覚えた。彼女が自分の生理に基づいて創り上げた空間とは、まさに雑音への嫌悪を前提としていたからである。

彼女が食にきわめて消極的であったことは、このことと深く関連していたと思う。一度、わたしは何かの仕事が終わったとき、彼女を高田馬場にある「地中海料理店」（イタリア料理が「イタ飯」と呼ばれる以前に、一部で流行していた名称）に誘ったことがあった。もっとも信じられないことに、彼女は前菜をわずかに口にしただけで、目の前にパスタが運ばれたときには、まったく手をつけようとせず、わたしを大いに慌てさせた。

いや、もっとはっきりと書いておいた方がいいだろう。わたしには如月小春が抱いている演劇のヴィジョンは理解することができたのだが、彼女の欲望の形がわからなかったのである。

洋画劇場の解説が好評だったのだろう。わたしのもとには、深夜TVのバラエティ番組の総合司会をしないかという話が舞い込んできた。同じとき、大学の専任講師の話が出てきた。迷った末に、わたしは後者を選んだ。夜間に設けられた再履修クラスで英語を教えるという仕事である。わたしは警察官や消防士、看護師、そして昼間は相撲や柔道の稽古で疲れ切っている体育会系の学生たちといっしょに、1時間に1頁ずつ『不思議の国のアリス』を読んだ。

如月小春は何をしていただろうか。彼女はメディアに露出するようになり、どんどん有名になっていった。東大の宇宙物理学の教授を父にもち、東京女子大を出た才媛が演劇界に新風をもたらした。そんなステレオタイプのイメージが彼女に与えられた。あるとき彼女は電話口で興奮した口調でいった。「すごいわよ！　こないだ本物の坂本龍一に会ったの！　彼は孫悟空みたい。うまくいったら、いっしょに番組をもてるかもしれない。」こうして彼女はセレブへの道を、一直線に歩んでいった。日本中がバブル経済に突入しようとしていた時期である。

NHKのTV番組にレギュラー出演し、羽田空港の脇に彼女の顔を大きくあしらった広告パネルが掲げられるようになったころ、わたしはもはや彼女が何をしたいのかがわからなくなっていた。以前は気楽にかけたり、かかってきたりしていた電話は、留守番電話の固定メッセージとなり、やがて秘書を通さないと対話のアポイントメントが取れないということになった。いっしょに書こうといっていた本は、彼女の多忙さが原因で、中途で放棄された。わたしは彼女と話した最後の電話を憶えている。今日はこれから松下電器の新入社員研修会で講演をするのだから忙しくってと、彼女はいって電話を切った。

それから如月小春は何をしていたのだろう。もう舞台の新作の招待状が舞い込むことはなかった。80年代の中ごろ、彼女はニューヨークのダコタハウスでヨーコ・オノのもとに「弟子入り」し、1週間をともに過ごすといったTV番組に出ていたはずである。みごとにセレブの世界の住人になったんだなあ。セレブの定義とは、セレブとしか交際しない人間のことだ。セレブとは縁のないわたしは、彼女からすれば、無名時代のたまたま知り合った人たちという範疇《はんちゅう》に押し込められてしまったのだった。

如月小春が44歳の若さで亡くなった日の夜のことはよく憶えている。

当時、高輪に住んでいたわたしは、三人の友人を招いて食卓を囲み、愉しくお喋りをしていた。たまたまであったが、このときは全員が女性だった。誰もが充分に呑んで話した。一人がもう遅いからといって席を立ちかけたところで電話があり、わたしは如月小春の突然の死を知らされた。

電話口でのわたしの語調が突然に変わったのを聞いて、三人はただちに何かを察した。受話器を下ろしたわたしに向かって、いっせいに好奇の眼を向けた。如月小春が死んだんだ。大学で講義をしているとき、休み時間にクモ膜下出血で倒れ、そのまま死んでしまったんだって。わたしは電話口で聞いたそのままを繰り返した。

「キサラギコハルかあ。」一人がいった。「昔は芝居とかで有名だったけど、今はどうしてたのかしら。」

「よく糸井重里といっしょにTVに出てたわよ。」と、もう一人。

一番年少の女性は少し申し訳なさそうに、「すみません。わたし、なんにも知らないんです。」といった。

「人生は短い。死んでしまったらおしまいよ。」もう遅いからと帰り支度に入ろうとしていた女性がいった。「もっと呑みましょうよ！　お酒、もってこい！」

こうして酒宴が再開となった。彼女たちは一人として如月小春に会ったことはなく、悲しくて泣き出すという雰囲気からは遠かった。ただ三人とも、なんだか納得いかないような表情をしていた。わたしはというと、どこか遠いところに向かって出したきりの郵便物が、長い時間を経て、舞い戻ってきたような気持ちだった。

やがて一人去り、二人去り、最後の一人になった。少女漫画研究家である彼女はしたたか酔っていた。もう地下鉄はとうに終わっている。わたしは外までいっしょに出て、彼女をタクシーに乗せた。だがその晩の驚異はまだ終わらなかった。帰宅したわたしは寝室の寝台の上に、彼女の毛皮のコートとハンドバッグがポンと放り出されているのに気付いたのである。バッグのなかには現金やカードの入った財布とアパートメントの鍵が、そっくり入っている！

これは一つ間違うと大変なことになるな。一瞬、恐ろしい考えが過《よぎ》った。彼女ははたして無事に帰宅できるだろうか。もしタクシーのなかで自分が身一つで飛び出てきたことに気付いたとしたら、その後はどうするのだろう。わたしの部屋に戻ってくるのだろうか。もし戻ってきたら、いったい何が起きるのだろう（読者よ。この顚末は、本章の後の方で詳しく書くことにします）。


如月小春に話を戻そう。

彼女が亡くなってずっと後になって、思いがけない人物から思いがけないことをいくつか聞いた。二つだけを記しておきたい。

一つはピーター・ブルックのカンパニーの古参俳優からである。東京で彼らが『マハーバーラタ』か『テンペスト』の公演を行なったとき、如月小春が劇団のオーディションを受けたらしい。イイ線まで行ってたのだけど、結局、英語がネックになって採用できなかったんだよなあと、彼は残念そうにいった。

わたしは少し驚いた。それから彼女が東京のバブリーな環境を離れ、原点に戻って舞台に立つ気持ちをもっていたことを知って（つまりそれは野心といっても同じことだが）ちょっと感心したが、オーディションに落ちてよかったという感想ももった。ブルック劇団の内側での荒っぽく生臭い人間関係を、多少なりとも聞き齧《かじ》っていたからである。とても如月小春の華奢《きゃしゃ》な肉体では耐えていけなかっただろう。

だが、わたしをさらに驚かせたのは、わたしの母親の言葉だった。

わたしの母は名前が同じマサコということもあり、TV画面のなかで息子の隣に座っている振り袖姿の如月小春に好感を抱いていた。家が吉祥寺の本町と南町と近いこともあり、隣町のキレイなお嬢さんくらいに思っていたのだろう。

あるとき、わたしが大学にいって不在のとき、如月小春がブラリとわが家を訪れたことがあったらしい。おそらくわたしから借りていた本を返しに来たのだろう。彼女は近くの花屋で安かったからといって、「おばさん、これ。」と母親にガーベラの花束を差し出した。帰宅したわたしはそれを知ったが、別段気に留めたわけではなかった。

「実はあのときにねえ。」わたしの母親は30年ほど後になって、わたしに語った。

「マサコさんはどのような方とご結婚を考えてらっしゃるのと、聞いてみたのよ。」

ああ、なんという愚かな母親だろう！　息子のもとを訪ねてくる女友だちはみんな花嫁候補と思い込んでしまう。きっと如月小春は面食らったのではないだろうか。

「それがねえ、答えが立派だったのね。普通の人は女も1、男も1で結婚するのですが、わたしって1・5の女なのです。だから1の男性だと余りが溢《こぼ》れてしまって、きっとうまくいかないはず。もし結婚するならば、0・5の方が一番いいと思ってます。わたしねえ、目の前でマサコさんが理路整然とそう話すのを聞いて、それはびっくりしちゃったのよねえ。」

如月小春は本当にそんなことを口にしたのだろうか。ひょっとして彼女は、自分の家でも同じことを母親からいわれ続けていて、それであるとき、こんな途轍《とてつ》もない回答を冗談半分に考案していたのかもしれない。とはいえわたしは、彼女が1・5という数字を口にするときに抱いていた自負心に、妙に合点がいった。だがそれにしても繰り返すことになるが、わが母親が何か期待を抱いていたとしたらなんと愚かなことだろう。

如月小春の話はここまでである。亡くなってから20年ほどの歳月が経ち、なんだか不憫《ふびん》な人だったなあと、今にして思う。美人だとか、インテリだとか、いいようにもてはやされ、自分が本当にしたいことができないままメディアのなかで翻弄され、大変気の毒なことではあったが、バブルの時代にあっという間に消費されてしまった人という気がしてならない。もっと他にいろいろとしたいことがあっただろうにと思うと、今さらに夭折《ようせつ》という言葉の無情さに思い当たる。

　つい先日のことだが、調べものがあって久しぶりに書庫の奥を探していると、ぶ厚い一束の原稿が発見された。原稿を留めてあるクリップはすっかり錆びついている。かつて如月小春とわたしがいっしょに書きかけた、「おまえは、わたしを……」というテクストの断片だった。懐かしさのあまりに読み出そうとしたが、ワープロの印字がほとんど消えかかっているため判読は容易ではなく、数頁で投げ出してしまった。それはまさに消滅へ向かおうとするテクストだった。わたしは自分のなかで、如月小春の記憶が少しずつ消滅を遂げようとしていることに、そのとき思い当たったのである。

　ところで120頁に登場した少女漫画研究家のその後について、やはり書いておかなければならないだろう。結局、彼女は戻ってこなかった。それからずっと後になって、わたしたちはニューヨークのオイスターバアで再会するのだが、そのときに彼女がいった言葉がふるっていた。あのころはね、似たようなことをあちこちで起こしていたので、もう慣れっこになっていたのよ。ちゃんとノウハウができていたのだから、心配させちゃって悪かったわね。

生田梨乃

三人の少女が仲睦《なかむつ》まじく凧《たこ》を揚げている。澄み切った青空の下、彼女たちは無心そのものだ。ところが一人の少女の凧だけ糸が切れ、凧に飛ばされて見えなくなってしまう。清代に書かれた長編小説『紅楼夢《こうろうむ》』にある、小さなエピソードである。それは探春《たんしゅん》と呼ばれるこの少女が、ほどなくして越南の地へ嫁いでいくことを暗示している。

友情というものを考えるとき、わたしはときどきこの挿話に立ち戻ってみることがある。思えば数多くの人たちと出逢ってきた。親しくなった人もいたし、一度会っただけでそのまま再会することのなかった人もいた。何年も、いや十何年も親しく付き合った後、つまらないことで仲違《なかたが》いをしてしまい、それっきりになった人もいれば、もっと親しくなりたいと思っているうちに当の相手が姿を消してしまったという人もいた。わたしにとって生田梨乃《いくたりの》は、この最後の場合の典型的な例であった。

あるとき彼女はふっと行方を晦《くら》ましてしまった。まさに蒼天《そうてん》の下、凧の糸が切れてどこかへ飛んで行ってしまうように姿が見えなくなった。彼女が消えてしまったとき、わたしはたぶん他のことに熱中していたのだろう、何とも思わなかった。強いて彼女を探そうともせず、そのままにしておいた。ずっと後になって、ぜひとも会ってもっと話をしたいと思ったときには、もうどこを探しても見つからなかった。何人かの知り合いに尋ねたのだが、誰一人として行方を知っている人はいなかった。

ここでわたしは正直に告白しておこうと思う。このエッセイのなかで、彼女の実名を出しているのは、ひょっとして彼女が、あるいは彼女の行方を知る人がどこかでこれを読んで、わたしにそっと連絡をしてくれるのではないか。そういう一縷の期待を抱いているからなのだ。もちろん儚《はかな》い望みであることは重々承知の上だ。だがわたしはどうしても彼女にもう一度、会っておきたいのである。というのも、生田梨乃こそは、わたしに先駆けてパゾリーニの詩集を丸ごと一冊翻訳した人物だからなのだ。

生田梨乃の存在を知ったのは1986年の「ユリイカ」誌上だった。「詩と批評」と銘打ったこの月刊誌には新人投稿欄があり、彼女はそこに「期待の新人」として登場していた。選者の松浦寿輝《ひさき》はよほど彼女の才能に注目したのだろう。一人一篇《ぺん》という規定を破って、投稿欄には二篇が同時に掲載されていた。文字どおり、颯爽《さっそう》としたデビューだった。やがてわたしは人づてに彼女のことを知らされた。フランス文学を専攻し、大学院でアルトーについて論文を書いた人らしいと。

88年になると、彼女は同じ雑誌に、今度は投稿欄にではなく、他の詩人たちと同列で作品を発表するようになった。

「裏切りの契約をしたものが、裏切り続けられぬというのか、裏切りによって裏切りを唆《そそのか》されているというのに、求めているものが、最も求めていないものであることを言いたて、言いたてられる怖《おそ》れが、日々の日録をめくり、何も手にすることがないと言う断定こそが裏切りを更新することができる筈《はず》であるのに、出口も、入口も塞いだまま……」

「Calling the morning」という詩の冒頭である。信じられないことに、この詩はほぼ句点がないまま2頁にわたって続いていき、途中でプツリと断ち切れてしまう。語り手がどこにいて、どのような状況であるのか、一切がわからない。言葉がまるで永久機関ででもあるかのように自動的にみずからを紡ぎ出し、紡ぎ出していく傍からそれを解きほぐしていくのだ。それは、あらかじめどこにも到達できないことを宿命付けられた運動である。「出口も、入口も塞いだまま」。後になってわたしは、この詩が作者の未来をあらかじめ先取りしていた言葉ではなかったかと思うようになった。

生田梨乃本人と実際に会ったのは、この詩を読んでから3年か4年後のことである。わたしは40歳になろうとする手前で、寝ても覚めてもイタリア語しか頭にない日々を過ごしていた。加えて詩作の再開。パゾリーニの詩を読んだことが契機となって、高校時代に門前まで行ってそのまま放棄してしまった詩作を、今度は本腰を入れてもう一度始めたところだった。そのころ、わたしは生田梨乃に会ったのである。

場所は原宿にある、チーズ・フォンデュの店であった。わたしを彼女に引き合わせてくれたのは、阿部日奈子という詩人である。といっても日本では詩人というのは小説家ほどに知名度のある存在ではないから、まず彼女のことを説明しておこう。

阿部日奈子は特異な作風をもった詩人だった。世界のどこかに棘《とげ》のない、薔薇の花だけの薔薇の樹《き》があるとしたら、その逆に、棘だらけで花がいっこうに咲かない薔薇の樹というものもあるはずだ。彼女はそういった逆説を想起させる詩人として高く評価され、いくつかの賞を受賞していた。

その当時、阿部と生田梨乃はいっしょに、後に「7th camp」（やがて改題して「ユルトラ・バルズ」）と呼ばれる同人誌の刊行を計画していた。美しきライヴァルというのはこの二人のことを指しているのかもしれない。阿部はどうやら何ごとにおいても気を廻す性格だったらしく、おそらくわたしをさぞかしオッチョコチョイの人物だと思っていたのだろう。わたしに向かってあらかじめ釘《くぎ》を刺すようにいった。「生田さんはとにかくスゴイ美人だからね、くれぐれも変な気持ちをもたないように気を付けてね。以前に自分の知っている詩人を紹介したことがあったけど、彼女の美貌にすっかり逆上《のぼ》せ上がってしまい、初めて会ったというのにプロポーズしちゃったくらいなのだから。」

チーズ・フォンデュの鍋を前にいったい何の話をしたのか。残念ながらほとんど記憶がない。ただ生田梨乃が、自分はパゾリーニが大好きなんですといったことだけが印象に残っている。その後、わたしたちは新宿二丁目のクロノスというゲイバアに行ったような気がするが、それはまた別の日のことだったかもしれない。詩作品の過激さとは対照的に、彼女は声を荒立てたり叫んだりすることからほど遠い雰囲気の人物で、思慮深い話し方をした。

わたしたちは、彼女が発表したばかりの「ヴァージニア」という詩について話し合った。今、語学学校でイタリア語の作文の宿題が出ているから、これって翻訳していい?とわたしが電話で尋ねると、彼女はいいよと快諾してくれた。といっても現代詩というのはなかなか一筋縄ではわからないところがある。外国語に直すには、ただ日本語ですらりと読み終えたという程度の理解ではだめで、作品内部にある論理を完璧に理解しておかなければならない。どういう意味かわからないところがたくさんあるのだけど、教えてくれない?と、別の日にまた電話で尋ねてみると、彼女は電話口でスラスラと説明してくれた。自分の書いた詩のことはきっちりと頭に入っているから、いつどこで何を聞かれても答えることができる。そうか、詩人というのは24時間中、こんなふうにスタンバイしているわけなんだと、わたしはすっかり感心してしまった。

もっとも何回も会っていたとはいえ、わたしは生田梨乃について、詩を書いていること以外には何も知らないままだった。彼女と話をしていると、彼女が何を生業《なりわい》としているのかも、独身なのか結婚しているのかも、そうした世俗の話はどうでもいいような気がしてくるのだった。

1994年の春、わたしはパゾリーニの勉強のため、ボローニャ大学に留学した。その直前、彼女は当時わたしが住んでいた月島の長屋に遊びに来た。わたしたちは食卓を囲みながら、アビューラについて話をした記憶がある。

月島では他にもいろいろと話をしたと思うのだが、わたしはほとんど憶えていない。憶えているのはアビューラのことだけだ。生田梨乃は帰り際に、今夜の記念にといって、わたしが差し出したノートに簡単な言葉を記した。「月島に兎はいませんでしたが、犬彦さんにご馳走《ちそう》になりました。イタリアナポリ風日本男児という感じでした。ご馳走さま。」

「ナポリ風」というのは、きっとわたしがスパゲッティを茹《ゆ》でたからだろう。

「アビューラ」というのはイタリア語で、撤回とか断固たる否定、突然にして急激な回心くらいの意味の言葉である。カトリックでは「異端誓絶」と、ひどく厳粛な感じに訳すが、日本語ではまず馴染《なじ》みがない言葉だろう。パゾリーニはこのアビューラが得意というか大好きで、生涯にいくたびかそれを行なっている。僕はイタリア語もイタリア国籍も、何もかもアビューラしてやるぞといった詩を、若いころに書いている。もっとも有名なのは、世界的に大ヒットした『デカメロン』や『アラビアンナイト』を撮ってしまったときのことだ。たちまちそれを真《ま》似《ね》した低劣なポルノ映画が何十本も制作され、パゾリーニは「ポルノの帝王」と呼ばれるようになってしまった。彼は怒り、大衆に迎合したフィルムを撮ったことを後悔した。そしてあんなものは自作として撤回すると、アビューラを口にした。

わたしと生田梨乃は愉しくお喋りをしたと思う。しかしなぜ彼女がアビューラの話に夢中だったのか、わたしにはわからなかった。

ボローニャのわたしは勉強ばかりしていた。これがミラノだと日本人がたくさんいて、あちこちでパーティがあり、どこそこの商社マンの奥さんが留学生の何某《なにがし》と駆け落ちして……といった華やかな事件がときおり起きたりもするのだが、ボローニャはわずかに日本人留学生が三人いるだけの大学都市である。来る日も来る日も学食で豆スープとトマトソースのスパゲッティばかり食べ、後は古本屋めぐりと名画座が数少ない愉しみだという、静かにして地味な生活である。そんなある日、生田梨乃からファックスが到来した。今度、詩集を出すことになったから、栞《しおり》に挟む文章を執筆してほしいという依頼である。

承諾するとゲラが航空便で送られてきた。全部で詩は二十篇。そこにはわたしが「ユリイカ」で発見して驚いた「Calling the morning」も、つたないイタリア語に訳したことのある「ヴァージニア」も、ちゃんと収録されている。

ゲラを一読したわたしはあることを直感した。これは困難な恋愛についての詩集だ。語り手は危機的な状況のさなかにある。そしてある愛の誕生とその惨《むご》たらしい終焉《しゅうえん》に立ち会い、孤独な残響のなかで語っている。だが詩集をそう読み解いたところで、それを作者の物語として論じることにわたしは躊躇した。そこで「ヴァージニア」という詩を中心に、モチーフとして採用されている聖処女の懐胎について論じる文章を書こうと試みた。

この詩集は大きな夜の記憶である。内容を簡潔に要約するのは困難であるが、なんとか大ザッパに説明しておこう。

一人の女性がある偶然から情熱の迷路に足を踏み入れてしまい、見知らぬ「大いなる人」に誘惑される。彼女は迷い込んだ闇の深さに怯え、次にわが身に浴びせかけられた突然の眩《まばゆ》い光に忘我の感情を体験する。どうすればよいのか。いかなる物語に沿っていけば、自分のこの心の動揺は秩序付けられるのか。恍惚《こうこつ》と絶望とが、瞬間ごとに姿を変えて現れてくる。

わたしはひょっとしてシエナの聖カタリナのような神秘家に託《かこつ》けて、生田梨乃を理解しようとしていたのかもしれない。彼女の書いた詩に過剰なまでにカトリシズムの雰囲気を感じなが

生田梨乃『愛』（思潮社、1994）

ら、好き勝手な解釈を綴《つづ》っていたのかもしれない。そしてそれは間違いだった。

あるときわたしはイタリア語に訳した「ヴァージニア」を、イタリア人に読んでもらったことがあった。彼は即座に、この人はカトリックの信仰はもっていないねといった。信仰があれば、いくら光が強烈であろうとも光に脅えることはない。キリスト教徒を弾圧していたサウロだって、あるとき突然に強い光に見舞われ、一時は盲目になったが、改宗してパウロと名を改め、それ以来、熱心に布教をするようになったじゃないか。この詩を書いた人は光に身を委ねることをまだ怖れている。光から身を逸らそうとしていると、そのイタリア人はいった。

この批評を手がかりとして、わたしは夏の初めまでに求められた文章をなんとか書き終えた。それをファックスで東京に送ると、秋になって詩集がボローニャに送られてきた。強烈な朱色のカバーで、中央にただ「愛」とだけ記されていた。

わたしは直感した。自分はこれ以上踏み込むことはできないだろう。この詩集の内側に立ち入ることは、おそらく誰にも許されていないはずだ。それほどに思いつめた、緊迫した感情がそこには立ち込めていた。翌年わたしは留学から戻ったが、彼女に再会することには躊躇《ためら》いがあった。

わたしのもとに彼女の手になるパゾリーニの翻訳が送られてきたのは、さらにその翌年、1996年のことである。信じられないことに彼女は、「わたしとは誰か」というパゾリーニの長編詩を全編丸ごと日本語に直し、同人誌「ユルトラ・バルズ」に一挙掲載していた。作者が残酷な形で殺害された後、遺稿として刊行された作品で、44歳の夏に滞在先のニューヨークで一気に執筆されたものである。パゾリーニはそのなかで自分の誕生について書きながらファシストであった父親を思い出し、今後執筆される予定の書物の構想を雄弁に語っている。加えて、イタリア人のブルジョアとして生まれ育った自分の人生そのものに、アビューラを宣言していた。生田梨乃はイタリア語の原文からではなく、刊行されたばかりのフランス語版を通して翻訳を完成させたはずである。彼女はその翻訳に細かな註釈を施し、さらに後書きでパゾリーニの映画作品について情熱的に語っていた。

わたしが今でも後悔しているのは、この翻訳を読んだ直後に、彼女に向けてただちに感想の手紙を書かなかったことである。ちなみにその数年後、パゾリーニの大がかりな回顧上映が企画されたとき、わたしは依頼されてこの詩を原文から翻訳することになった。

「アビューラ！」わたしは今、もう一度、この言葉を口にしようとしている。生田梨乃はアビユーラの徒であったパゾリーニに魅惑され、彼のアビューラ宣言の長編詩を翻訳した。そしてそれと時を同じくして、自分にもアビューラを宣言してしまったのだ。

戦前の日本文学には左川ちかや尾崎翠《おさきみどり》のように、きわめて実験的な文体をもち、その才能をごく少数の人にこそ愛《め》でられてはいたものの、あるとき杳《よう》として姿を消してしまった一群の女性たちがいる。狭い文学サークルのなかでの恋愛の挫折が彼女たちの筆を折らせた。なかには故郷に戻ったところで蟄居《ちっきょ》を命じられたり、精神疾患を患って沈黙に到ったという者もいると聞く。ここに名を挙げた二人のように、近年になって再評価されて全集が刊行されたり、故郷に記念室が設けられたりした例もあるが、わたしが知らないばかりで、もっと多くの才能ある女性が忘却の河に沈んだきりとなっているはずだ。

生田梨乃はこうした女性たちの系譜にあって、もっとも新しい存在である。わたしは彼女がもう一度、詩人としてカムバックしてくれたらどれほどすばらしいことかと、いつも考えてきた。

だがそれにしてもわたしは、彼女についてほとんど何も知らないのだ。いったい何をして生活していたのか。結婚とか家族とか、そうした世俗のことについて、いや、そもそも彼女の本名すらまったく何も知らないままなのである。

岡崎京子

「げっ、やばい！」

岡崎京子がわたしに向かって最初に発したのが、この言葉だった。1980年代の終わりごろ、場所はたしか京橋のセゾンの試写室であったと思う。中央公論社の真向かいのビルの地下にあったこの試写室はそれから何回か名前を変え、中央公論社自体がそこからいなくなってしまった後も現在まで存続している。わたしにとって重要な試写室である。

映画の上映が終わって客たちが席を立ち、帰ろうとしていた。配給会社のスタッフがこれはという人物を目敏《めざと》く見つけると、感想を聞き出していた。その傍を通り過ぎるとき、「岡崎さん」という言葉が聞こえてきた。へえっと思って振り返ると、そこに岡崎京子本人がいる。わたしは初対面である。なんだか小猿のような感じがした。思わずこちらから名乗りを上げると、彼女が思わず口にしたのが先ほどの言葉である。

といっても読者には何が何だかわからないはずだ。岡崎京子が無礼な人間であると誤解されないためにも、この咄嗟《とっさ》の発言に到るまでの経緯《いきさつ》（？）を説明しておかなければいけない。経緯といっても、実はわたしがまったく関与していないことではあったのだが……。

「先生のこと、漫画になってるよ。」

あるときわたしは大学でゼミの女子大生にそういわれた。漫画はわたしも大好きだ。漫画評論を手がけたこともある。そこで探りを入れてみると、この学生の口から岡崎京子という名前がポロッと出てきた。

1980年代は、岡崎京子が漫画のニューウェイブとして頭角を顕わした時期である。若い漫画ファンの女性たちは、ベタベタとした恋愛ものの少女漫画に飽き足らない思いを抱いてきた。男の子抜きで精神の自立を求めている女の子の、トレンディな物語を読みたいと思っていた。岡崎京子は原律子や内田春菊らとともに、そうした新しい女性漫画の最前線に位置していた。

その話題の岡崎京子が出した『ボーイフレンドisベター』という短編集のなかに、どうやら四方田《よもだ》君という登場人物がいるらしい。遊び友だちの男の子がなかなか見つからないので、お喋りばかりしている女の子たちがいる。女の子どうしのお喋りはもちろん愉しいのだが、いつまでも続けているとなんだか飽きてくる。そこに登場するのが四方田君という男の子で、みんなはやっぱりボーイフレンドがいた方がいいなあという話になる。眼鏡をかけてニコニコしている少年で、まあ若いころのわたしに似ていなくもない。

わたしのゼミ生はめっぽう岡崎京子に詳しく、彼女の専門家をもって任じていた。この四方田君のキャラはその後、名前こそ記されていないが、『くちびるから散弾銃』という漫画にも登場している。この題名を見てわたしは、この岡崎京子という漫画家はなかなかやるなと思った。わたしが中学生のころ、『唇からナイフ』というフィルムが公開されたことがあった。わたしは国際的強盗団に独力で戦いを挑む女賊を演じたモニカ・ヴィッティに夢中になり、名画座を含めて何回も上映の追っかけをしていた。こんな過去をもっていたものだから、わたしは岡崎京子が大変なシネフィル少女、つまり映画大好き少女だと睨《にら》んだ。そして納得がいった。おそらく彼女はヨーロッパの〈作家〉の映画を次々と観ていくうちに、映画批評家としてゴダール本の編集をしたり、ヌーヴェルヴァーグについて、なりふりかまわず書きまくっていたわたしの名前に出くわしたのだろう。……彼女が本物のわたしに出逢ってしまったとき、思わず「げっ、やばい！」と口走るまでには、こうした経緯があったのだった。

このハチャメチャな出逢いがきっかけとなって、わたしは岡崎京子を知り、彼女の漫画を読み始めた。当時、日本はバブル経済に突入しようとしている時期で、東京の津々浦々にミニシアターが林立し、ヴェンダース、ジャームッシュ、侯孝賢といった〈作家〉たちのフィルムが休みなく公開されていた。それればかりではない。それまで日本では公開されていなかったフランスのヌーヴェルヴァーグの監督たち、たとえばロメールやリヴェット、ユスターシュまでが上映されるようになった。今からすれば信じがたいことであるが、1990年代初頭の東京の映画環境は、おそらくパリを抜いて世界最高ではなかっただろうか。

こうした気運のなかで、岡崎京子は『セカンド・バージン』『退屈が大好き』『ジオラマボーイ パノラマガール』と、まさに矢継ぎ早に作品を発表していった。彼女の漫画はオシャレで少しフレンチ・テイストであり、少しハイブロウだった。トレンディな映画のみならず、現代文学と現代思想からのおびただしい引用や言及があって、それは「ガロ」のつりたくにこを除けば、従来の漫画にはない斬新なものだった。彼女が幅広い知的好奇心を抱いていたというだけでは不充分である。わたしはそこに、ゴダールの映画作りに匹敵する方法論的な自覚を認めた。『気狂いピエロ』の監督が古今東西の書物からの大量の引用をもって作品を作り上げたように、岡崎京子はそのゴダールはもとより、フランスの〈五月革命〉の際に大人気だったボリス・ヴィアンの小説までを射程に収めながら、現代の東京を舞台に、まったく独自の世界を築き上げていたのだった。

あれは1989年のことであったか。岡崎京子が『pink』をマガジンハウスの雑誌に連載したとき、わたしは思い切って週刊誌に絶賛の評を書いた。女の子たちが男の子にはけっしてわからないお喋りを延々と続けるといったこれまでの作風とははっきり違うものが、この漫画にはあると直感したからである。

主人公のユミちゃんは独り暮らしのOLで、アパートの浴槽に鰐を飼っている。このペットが毎日食べる大量の生肉を購入するため、彼女はときおりコールガールをしている。このユミちゃんが継母《ままはは》の若い燕《つばめ》を誘惑するあたりから、物語は本格的に始動する。

ユミちゃんがなぜ鰐を飼っているのか、なぜ倒錯的なセックスで収入を得るまでになったのか。『pink』は何も説明しない。ただ彼女は反市民的なこの二つの行為に、いささかも道徳的戸惑いを感じていない。すべての労働は売春であるという信念のもとでは、OLであることもコールガールであることも、まったく等価であるからだ。この観念は直接的にはゴダールが『女と男のいる舗道』のなかで説いたものだが、さらなる起源を訪ねるならば、それはボードレールに遡る。この19世紀の詩人は、恋愛も芸術もすべて売春であると『赤裸の心』のなかで喝破していた。

『pink』の版元であるマガジンハウスはわたしの書評を引用し、「コミックは、文学になった。」というキャッチコピーのもとに、大新聞にキャンペーンを張った。それが契機となって岡崎京子とわたしは、お互いに接近するようになった。彼女が何色もの蛍光ペンで描いた葉書を送ってよこし、わたしがそれに応えた。わたしたちはゴダールの話ばかりしていた。

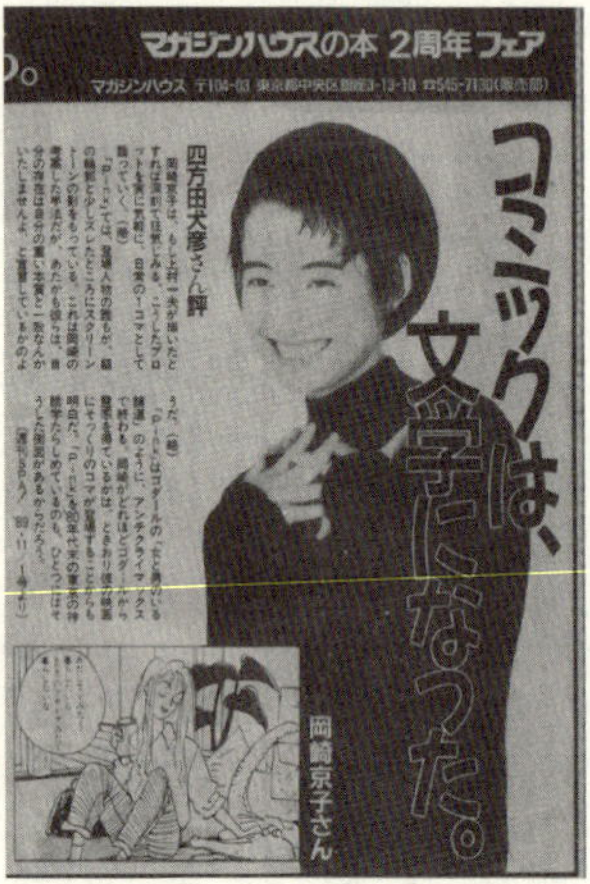

マガジンハウス広告
(「朝日新聞」1990年2月9日付朝刊)

90年代の初め、わたしは月島で気楽な独り暮らしをしながら売文稼業に明け暮れていた。東京湾に浮かぶこの小さな島に住んでいて便利なのは、試写室に自転車で行けることである。現在の東京では試写室はあちらこちらに分散されてしまったが、その当時は銀座や新橋、京橋の間に集中しており、一日に3本、いや場合によっては早朝試写を含めると、4本を観ることさえ不可能ではなかった。先に書いたように、東京のミニシアター・ブームは頂点を極めていて、いくら試写会をしても追いつかないほどだったのだ。わたしはその一本一本について、それこそ水を得た魚のように短い評を書き続けた。

新聞に連載していた短評を『ドルズ・ハウスの映画館』という本に纏めることになったとき、わたしは岡崎京子にカットを書いてほしいと注文を出した。彼女以外には考えられなかった。わたしが好きな十人ほどの俳優たちの似姿を、彼女を分光器として書物のなかに入れたかったのである。

ただちにOKという返事が来た。そこでわたしが人選をして、それをファックスで送った。その日の深夜になって、わたしの仕事部屋のファックスがコトコトと動き出し、最初にジーン・セバーグの顔が送られてきた。次にルイズ・ブルックス。キャロル・ブーケ。翌日になると山口百恵、夏目雅子、それから『ポンヌフの恋人』で日本でも売り出し中のジュリエット・ビノシュ。ピーター・ローレはソフトを被った謎めいた紳士として、林青霞（ブリジット・リン）はお下げ髪のかわいらしい女生徒として描かれていた。それからおまけにアンナ・カリーナ。実は彼女はわたしのリストにはなかったのだが、岡崎京子が描きたいからと、勝手に入れてしまったのだ。絵のかたわらには吹き出しがあって、「この本にアタシが出たエイガ、ノッテナイワヨ」とあった。

もっともその後が難航した。わたしは好きな俳優として勝新太郎とクラウス・キンスキー、それに香港《ホンコン》や台湾の武侠映画で有名な徐楓《シューフオン》を挙げておいたのだが、彼女にはどうしてもこの最初の二人をうまく描くことができなかった。ファックスで送られてくるのはいつも優しげな目つきの男たちの画像である。そばに寄ると臭ってくるような、むくつけきカツシンや、狂気じみた倒錯的眼差しをもったクラキンは、岡崎京子の世界の住人ではなかったのである。こんなことなら、『昼顔』でチンピラを演じたピエール・クレマンティとか、トリュフォー映画で有名なジャン゠ピエール・レオを選んでおけばよかったと、わたしは少し後悔した。しかし岡崎京子は、引き受けたからには絶対に描いてみせるといって、最後にはみごとにリストのすべての俳優を描き切ってしまった。それどころか、『ドルズ・ハウスの映画館』の表紙まで描いてくれた。子供が口いっぱいにポップコーンを頬張り、少しそれを零《こぼ》しながらも、一生懸命にスクリーンに見入っているという絵である。原画は記念にわたしが受け取り、現在でも家の階段のところの壁に、きちんと額装して飾ってある。

さて、ここまでがわたしと岡崎京子の蜜月時代だった。

『pink』の後、彼女は急旋回を遂げる。オシャレで軽妙、ちょっとハイブロウといった雰囲気をみずから捨て去り、市民社会が隠そうとしてきた死とグロテスク、腐敗と転落といった主題へと向かっていく。『リバーズ・エッジ』と『ヘルタースケルター』という問題作を発表し、あえて自分を危険で不吉な方向へと導いていく。

『ヘルタースケルター』は栄光の頂点に立つアイドルの少女が際限なく整形手術を重ね、ついに本来の自分とはまったく異質な身体《からだ》へと変身してしまう物語である。彼女はこの不自然な肉体の改変のおかげでグロテスクな怪物と化し、スターの座から転落すると、見知らぬ異国で見世物小屋に追いやられてしまう。『リバーズ・エッジ』は大都会の外れにある川岸の草原が主な舞台である。学校の教室で虐待を受けている少年が草原の奥に変死体を発見し、その秘密を抱えながら生きていく。

この2本の長編に共通しているのは死への衝動である。人類学では攻撃誘発性、つまり、他人からの攻撃をつい招いてしまうという状況と事態をヴァルネラビリティと呼んでいるが、この時期の岡崎京子はもっぱらこのヴァルネラビリティを基軸として主人公を造形するようになった。いずれもが悲惨にして傷ましい物語であり、そこでは現代社会の根底にある病理が惨たらしい形で描かれている。

岡崎京子におけるヴァルネラビリティへの傾斜は、彼女が描く漫画の主人公に留まらず、ついに彼女本人をも標的とすることになった。運命の偶然というありふれた表現を用いるのはあまりにしのびないのだが、『ヘルタースケルター』を連載中、彼女は自宅近くで飲酒運転の車に轢《ひ》かれ、頭部に手酷い打撲を受け、意識不明の重態に陥ってしまったのだ。この事件が報道されるや、日本中の岡崎ファンたちは驚愕《きょうがく》し、漫画に描かれていた破壊的意志がついに作者に襲いかかったのだと信じた。

岡崎京子はその後、長いリハビリを経て記憶と体力を徐々に回復したと伝えられるが、詳細はわからない。その漫画作品が次々と映画化されて話題を呼び、文学館などは彼女の人生と作品を讃える展覧会を開いたが、彼女は今なお漫画の世界に復帰することができず、その存在がつとに伝説化されるに到った。わたしはもはや彼女と会うことはできなかった。ただゴダールについて書物を刊行するにあたり、彼女がかつて描いたカットの使用許可を得るため、お母さんと連絡をとることしかできなかった。

2000年の夏、アンナ・カリーナが「東京の夏・音楽祭」に参加し、東京でコンサートを開いたことがあった。わたしはなんとかしてこの初期ゴダール映画のヒロインに会いたいと思い、出演の直前に1時間ほどインタヴューを設定してもらった。手土産に持参したのは『pink』だった。

しばらくいろいろな質問をした後で、わたしは彼女に岡崎京子の漫画を見せた。とたんにアンナの顔が輝き、熱心に漫画の頁を捲《めく》り始めた。

「これって、わたしじゃない？　この服も、この服も憶えてるわ。『気狂いピエロ』に出ていたときの服でしょ。これを描いたのはどんな人？　わたしはその人に会いたいわ！」興奮するアンナに向かって、わたしは落ち着いて説明しなければならなかった。

「彼女には会えないのです。4年前に大きな交通事故に遭遇してしまって、今は人と話をすることができないのです。」

アンナは少し顔を歪《ゆが》ませ、悲しそうな表情をした。コンサートの時間が迫ってきた。わたしは楽屋を出て、客席の方へ廻った。

舞台にアンナが登場したとき、一大歓声が巻き起こった。観客たちが「アンナ！　アンナ！」と連呼している。後で聞くと、これにはアンナ本人が驚いたらしい。ゴダール映画に出なくなってからもう35年ほどの時間が経過しているというのに、日本のファンたちは彼女を忘れなかった。いや、この表現は正確ではない。実は若い世代の女性にこそ、アンナ・ファンが増えてきている。観客席には『気狂いピエロ』のときの彼女の服を、手ずから作って着てきた女性もいた。

ああ、これはみんな、岡崎京子の読者なのだ。わたしは直感した。コンサート会場を埋め尽くした若い女の子たちは彼女の漫画を通してアンナを知り、ゴダールを知り、ここに馳《は》せ参じているのだ。アンナは東京ではいまだに、いや、以前にもまして現在、現役のアイドルなのだ。

わたしは一つのミッションを果たしたような気になった。一つの円環が完結したのだ。けれどもそれを岡崎京子本人にどう伝えればよいのか、わからなかった。そしてコンサートが終わると、興奮冷めやらぬ観客たちの間を抜け、地下鉄の駅へと急ぐのだった。

四代徳田八十吉

順ちゃんに初めて会ったのは1980年代も終わろうとするころ、極寒2月の金沢だった。地元の商工会議所が中心となって金沢の〈食〉を喧伝するため、「フードピア金沢」なる催し物を企画し、わたしは詩人の高橋睦郎《むつお》に誘われてそこに参加したのである。

東京からいろいろなアーティストが来沢《らいたく》し、一流料亭で食談義をしながら聴衆といっしょに食事をする。今から思えばいかにも贅沢《ぜいたく》な企画である。バブル経済のただなかでこそ可能だったのだろう。もっともお祭り騒ぎのさなかにも、食文化をめぐるきわめて真面目な講演会が開かれていた。わたしはその企画の一つ、国立民族学博物館の石毛直道氏が主宰するシンポジウムの会場で徳田順子と出逢ったのである。講演後の晩餐会でたまたまわたしの隣に座っていたのが彼女だった。

あっ、すごい美人の隣に座っちゃった。そう思って緊張しているわたしに向かって、彼女はいった。このお刺身は新鮮で美味《おい》しいのだけど、どうしてお醬油《しょうゆ》がこんなにひどいのかしら。

ギョギョッとわたし。会食の直前に出逢った大学生が「茄子《なす》はやっぱり小立野《こだつの》でないとなあ。」とさりげなく口にするのを、わたしは聞いたばかりだった。東京で学生生活を送ったわたしは、同級生がそのようなものいいをするのを聞いたことがなかった。美食を自慢するというのではない。それが食であれ衣服であれ、普通に毎日を過ごしていて粗雑なものを目にしたり、価値のあるものが蔑《ないがし》ろにされていたりすると、ここの人たちはそれを理不尽に感じるという習慣をもっているのだ。そのあたりが他の派手派手しい観光地とは違うところかもしれないと、感心したことがあった。

しかし、お醬油ねえ。20代の女性が、いささかの気取りもなく、まったく普通にそうしたことを口にするのが、やっぱり金沢なのかなあ。

とはいえ話してみると、彼女は実に気さくな人柄の人物だとわかった。金沢の隣、小松に生まれ育ち、東京で学生生活を終えると帰郷。2年ほどNHK金沢放送局でニュースキャスターをしていたという。面白い話がいっぱいあった。

高砂《たかさご》合唱クラブという高齢者の合唱グループを取材したとき、「この合唱団の平均年齢は65歳です。」というべきところを、つい「平均寿命は」といい間違え大目玉を喰《く》らったとか、愉しい話がどんどん口を衝《つ》いて出てくる。自分の失敗を明るく話すことのできる、お茶目にして聡明な人だという気がした。とはいってもTVの仕事はあまりにハードである。現在は退職し、最近はもっぱら和服のモデルをしているという。

和服を着たのは、学生時代、赤坂の高級中国料理店でのアルバイトが始まりであったようだ。個室で円卓を囲む客たちの前に着物姿で現れ、運ばれてきた大皿料理の説明をするという仕事である。本人はお人形のような仕事だったというが、ここで着物での立ち居ふるまいに度胸がついたのだろう。NHKを辞めた後は「着物ミッション」という企画の一員となり、文字どおり世界中を廻った。世界中って、たとえばどこ?と、わたしが尋ねると、たちまちズラリと地名が並んだ。モロッコ、エジプト、パリ、モスクワ、シンガポール、オーストラリアなど。トルコではイズミール、カッパドキア、イスタンブール。後はたくさんありすぎて憶えていないけど、とにかくショーは早替わりが中心だから、楽屋裏は大変だったわ。モデルが十人に着付けさんが十人。でもわたし、子供のころ小松の町の「子供歌舞伎」という催しで、「お軽勘平《かるかんぺい》」を演じたりしていて、舞台に出ることは慣れていたし好きだったから、いろいろな国に行けて愉しかったと彼女。

なるほどと思って見直してみると、会食の席では洋装だったが、実に着物が似合いそうな雰囲気の女性である。わたしは本書では「美人」という言葉をあえて禁句にしてきたが、今回だけは例外としよう。彼女はいうなれば生命力あふれる美人であった。とはいえ彼女は、自分が世間の眼には美人に映るということに、まったく無関心であった。美人を自覚して高慢にふるまうことにも、男性の眼を意識してわかりやすいコケットリーを披露することにも興味がなさそうだった。そんなことはどうでもいい。それより自分にとって未知の世界を目の当たりにすることの方がはるかに大切なのだ。誠実に生きていくことだけを心がけて生きたいのだ、という気持ちを抱いていることが、言葉の端々から窺えた。

会食が終わると、金沢を発《た》つ時刻になっていた。わたしたちはいっしょに金沢駅まで行き、わたしは東京へ、彼女は小松へ戻った。猫の顔をあしらった、赤くかわいらしい靴を履いている。これいいなあというと、トキオ・クマガイよと、ちょっと得意げに教えてくれた。熊谷《くまがい》登喜夫はパリで活躍し、エイズで亡くなったという噂《うわさ》だったが、わたしはそのことは黙っていた。別れしなに彼女はわたしに尋ねた。ムラカミ・リュウという人、知ってる？　ついこないだ、シンガポールに着物ミッションで行ったとき、ちょうど映画を撮影していて、撮ってあげるといわれてカメラの前に立ったのだけど、あれって本気にしていいと思う？

後に村上龍の新作だという『ラッフルズホテル』が公開されると、わたしは映画館に観に行った。お世辞にも面白いフィルムだとは思えなかったが、初めの方に彼女が本当に登場していた。シンガポールの空港でおそらく即興的に撮られたのだろう。前後に何の脈絡もなく、ワンショットだけのクロースアップである。いったい何なのだろう。監督はただ彼女を口説く口実が欲しかっただけじゃなかったのかな。

当時わたしは東京湾に浮かぶ島、月島に住んでいた。ニューヨークの大学への留学を終えて帰国した直後で、アパートの自室に戻るために三つも四つも鍵を使わなければならない生活にすっかり飽き飽きしていた。危険な空間に疲れていたのである。そこで大正時代に建てられた木造二階建ての長屋を探し出し、気楽な独り暮らしを始めた。金沢でのお祭り騒ぎが終わってひと月ほど経ったころ、突然に彼女がわたしを訪ねてきた。まだ朝である。

先生、いるう？　順ちゃんが来たわよ。

長屋の外から声がした。２階の四畳半の窓を開けてみると、狭い路地に順ちゃんが立っている。そこで慌てて布団から飛び起き、家の外で待っている彼女に挨拶をした。着物ミッションの打ち合わせか何かの用事で来ていて、一日空き時間ができたから、フラッと遊びに来たのだという。ねえ、どこか賑《にぎ》やかなところへ行こうよ。といってもまだ朝だ。わたしは彼女を浅草に連れていって、いっしょに隅田川を遊覧船で下った。これってまるで戦争前の、川端康成や高見順の小説みたいだなあと、心のなかで思いながら。

夜になると順ちゃんがイニシアチヴを握った。彼女は「Hanako」や「anan」で獲得した情報を手に、わたしをチャイニーズ・テーブルやらクイーン・アリスといった最新流行の場所へと引っ張って行くのだった。どの店でも彼女は陽気で上機嫌で、物怖じすることなくウェイターに話しかけ、たちまち他の客たちの眼差しを奪った。わたしがお返しに新宿二丁目のバア、クロノスに案内すると、キャハハハと笑い、まるで水を得た魚のように愉しそうにしていた。夜の大騒ぎは、わたしが彼女をホテルに送り届けることで終わった。こうしたことが1年にいくたびかも続いた。今にして思うと、まさしくバブルの真っ最中だったのだ。

ねえ、箱乗りってしたことある？　今度、いっしょにしようよ、と順ちゃん。

わたしは箱乗りなど知らない。したこともないというと、彼女は得意げに説明してくれる。深夜に自動車の助手席の窓を開け、窓枠に内側から腰をかけ、ルーフを両手で叩いたりして騒ぎながら自動車を走行させるのだという。

縁あって、わたしはひと夏を金沢で過ごすことになった。金沢大学で映画の集中講義をするためである。わたしは瓢箪町《ひょうたんまち》にある順ちゃんの伯母さんの家に下宿し、自転車に乗って市内をくまなく散策した。滞在が長くなるにつれ、路地裏の倹しい家の佇まいや神社の巨木、二筋の川の雰囲気の違いなどがわかるようになってくる。金沢という城下町の空間の深さを覗き込むことができるようになる。幸福な日々だった。

順ちゃんはしばしばわたしを下宿先に訪ねてきた。箱乗りだけは遠慮することにして、わたしは彼女に導かれるままに、片町《かたまち》にあるいくつかのバアを教えられた。どのバアにも青い立派な壺《つぼ》が置かれている。この壺があるところは、父の仲良しがやっているバアなのよと、順ちゃんはいった。彼女の父親は著名な陶芸家だという。自分も陶芸が好きで、少しずつ勉強をしているのだと、彼女は付け加えた。いい土さえあれば茶碗は、どこに住んでいても、どんなふうにでも作ることができるのよ。

わたしの金沢通いは、イタリア留学が決定したところで終わった。順ちゃんは学校で轆轤《ろくろ》を使うことを習ったばかりだという。彼女は別れしなに盃《さかずき》を二つ、お餞別《せんべつ》だといってわたしにくれた。一つは青味がかっていて、もう一つはほんのりと紅が差している。持ち上げてみると、裏側にきちんとした筆致で「順子」と記されていた。

最近金沢に出向く用事ができたので、ふと順ちゃんに会ってみようと思った。

といっても、もう30年の歳月が経っている。最後に話したとき、彼女はこれから「茶碗屋」に邁進するのだといっていたのだが、作陶は今でも続いているのだろうか。

期待などしてはいけない。再会を思い立ったとしても、それがかなうとはかぎらない。そう思いながら昔の住所録を取り出し、恐る恐るファックスを打ってみた。信じられないことだが、ただちに返答がきた。署名は徳田八十吉《やそきち》である。メイルも、フェイスブックもしているから、もしよかったら見てほしいという。

なんということだろう。奇跡というものは人が考えていた以上に起きるものなのだ！

順ちゃんはいつの間にか父親、つまり三代徳田八十吉の跡を継いで、四代八十吉と改名していた。伝統九谷焼工芸展大賞に始まりいくつもの賞を受け、日本伝統工芸展ではこの十数年はほぼ毎年入選という輝かしい経歴を築き上げていた。陶器ばかりではない。金沢ではＪＲ駅のために陶壁と、コンコース門型柱の陶板を制作している。日本国内のみならず、アメリカのいくつかの美術館に作品が収蔵されている。共同制作した陶壁がイギリスのある都市でグランプリを受け、極めつきは作品がロンドンの大英博物館に収蔵されたことである。これは輝かしい業績である。だがそればかりではない。フェイスブックにはもっとも新しい活動が記されていた。それによると、彼女は小松市のロータリークラブで会長を務め、食事を満足に与えられないでいる子供たちの支援に腐心していた。

わたしは一瞬、自分の眼を疑った。深夜に酔っ払って車のウィンドウを開け、「箱乗り」をして騒いでいたという順ちゃんが芸術家として大成し、次々と国際的評価を受けていることにも仰天したが、多忙な日々の合間を縫って社会事業に貢献していることなど予想もしていなかったからである。

順ちゃんの、いや、四代八十吉氏のメイルには、いつでも会いにきてほしいとある。わたしはうれしかったが、しばらくして少し気後れしてきた。この30年の間に彼女は数々の転機を迎え、世界を大きく拡げ深化させていったが、わたしはといえば人生にほとんど何の波瀾《はらん》もなく、ただ昔と変わりなく文筆を続けているばかりなのだ。彼女は代わり映えのしないわたしを見て、きっと落胆してしまうのではないか。わたしと話していても退屈を感じるだけかもしれない。だが懐かしさが怯懦《きょうだ》を駆逐した。ともかく会ってみよう。順ちゃんの陶芸家としての全面開花をこの眼で確かめてみようと決意し、小松へと向かった。

小松駅での再会は曇天だった。順ちゃんは昔と変わりなく上機嫌で、車にわたしを押し込むと、工房のある金平《かなひら》へと連れていってくれた。周囲は水田や畑など、建物の裏側には渓流。その向こうは森になっていた。中世に一向一揆の拠点となった鳥越《とりごえ》にまで通じている森である。渓流を眺めながら話していると、突然、激しい勢いで雹《ひょう》が降り出した。

1600坪の敷地に建てられた工房は築30年を迎え、今では十人のスタッフが作業している。轆轤を廻す者や経理広報を担当する者ばかりではない。「耀彩《ようさい》」、つまり釉薬《ゆうやく》を施すにあたっても、専門に応じて三人の技術者が常時控えている。彼女はそうした陶工たちを一統する立場に立って采配を振っているのだ。

小松を訪れる前日、わたしは金沢で大樋《おおひ》美術館を訪れている。十一代である大樋長左衛門氏とは、彼がまだ年雄と呼ばれていたころに面識があった。館内には彼が父親であった十代から長左衛門を継ぐにあたっての決意の文章が掲げられてあった。襲名とは窯の歴史を個人で受け止めることであり、伝統の時間と向かい合うことである。十一代はそう宣言している。そこには、横浜の、一代かぎりの文筆業者であるわたしには想像もつかない、文化的伝統の継承者としての自己認識が、いささか緊張した文体で記されていた。

順ちゃんは、いや四代八十吉は、三代の父親の名を襲名するときどのような気持ちだったのか。わたしの素朴な問いに、彼女は実に自然な口調で答えてくれた。

陶芸家の家に生まれたこともあって、昔から土いじりは好きだったが、九谷焼の技術研修所に通って真剣に作陶を学び出したのは20代の半ばである。研修所を卒業して県展に入選したのが最初の励みとなったが、心のなかではまだ趣味の段階を超えていなかったと思う。その後も研鑽《けんさん》は続けていたが、襲名を最初から予想していたわけではなかった。父にしても長い間、本名の「正彦」で作品を制作していたからである。

２００９年、父が大きな個展を前に急逝したことは、自分には大きな危機だった。数億の借金を前に呆然《ぼうぜん》としたこともあったが、陶芸家としての自分の非力を思い知らされたのもこの時期だった。襲名など思いもよらない。ただひたすら土を眺めつつ研鑽に励んだ。父の死の翌年に襲名をした。といっても格別の覚悟があっての決断ではない。これを契機に自分がより自由に作陶できるようになれればということしか、胸中にはなかった。

父の死後、わたしは工房の裏の川をずっと眺めていた。水は流れるが、魚はそれに逆らって川を上る。蠟燭《ろうそく》の炎も大気に逆らって上に向かう。父の三代八十吉は「彩釉」という言葉を転倒させ、自分の考案した技法を「耀彩」と呼んだ。であったなら、どうして龍が川を流れるままでいいのだろう。龍はすべてに逆らって昇らなければならない。

こうして彼女は父の未完の作品を完成させ、「昇龍」と名付けた。「昇龍」は高く評価され、大英博物館に収められた。自分の作った陶器をガラス越しに見たイギリス人の子供から話しかけられたのがうれしかった。徳田八十吉は初代から三代までもこの博物館に収蔵されているという。四代である自分の作品も同じ経路を辿れたと思うと、感慨無量だった。

工房の応接室には三代と四代の作品が並べて展示されている。若き日の三代は色彩にきわめて禁欲的で、白ともう一色の組み合わせに拘泥していた。三十歳のあたりで青や緑の色彩に目醒め、晩年に近付くにつれますます多彩になり、中間色に趣きが感じられるようになった。とりわけ紺色に長《た》けていたので、「トクダ・ブルー」と呼ばれた。

三代の壺のかたわらに四代の壺を置いてみるとただちに気が付くのは、三代がけっして使おうとしなかった赤、さらに朱、鶸色《ひわいろ》（黄味の強い黄緑色）といった色彩を、四代が自在に使いこなしているという事実である。これは太古の土の色なのよと四代は語った。男性であった三代が到達できなかった色である。こうした色彩の繊細なグラデーションが、彼女の作陶に、先代を超えた夢幻的な拡がりを与えている。

夜が近付いていていた。四代はこれから畑に大根を掘りに行くから、いっしょに来ないかとわたしを誘った。雹はいつしか止んでいた。わたしたちは薄明の冷気のなかで大根を抜き、まだ痩せた茎に残っているサヤインゲンを摘み、ニンジンの葉を摘んだ。

四代はそれから工房で長く働いていたスタッフの女性のところに、自分が調理した食べ物を届けに行った。かつて深夜まで東京のレストランやバーを廻り、大騒ぎの好きだった順ちゃんは、今ではくっきりと消費社会と距離を置く陶芸家になっていた。土を捏《こ》ね、土を焼き、土が育んできた野菜を人々に配って歩く。

せっかく会えたからお酒でもといいたいのだけど、お酒はすっかり止めてしまったのよと、彼女はいった。わたしは泥だらけの大根とサヤインゲン、ニンジンの葉っぱをビニール袋に入れてもらい、小松から金沢まで鈍行列車に乗って帰った。わたしはしばらくの間、西脇順三郎の詩の世界の住人になったような気になって帰路に就いたのである。

李香蘭（山口淑子）

「あっら〜、イヌヒコ先生でいらっしゃいますの。わたくし、てっきりもっと年配のお方かと思い込んでおりました。」

「四方田犬彦と申します。」

「先生って、ひょっとして岩崎先生の、大学の後輩でいらっしゃいますわね。」

「はあ、お会いしたことはありませんが、岩崎昶《あきら》さんは東大の先輩で。」

「わたくし、岩崎先生の奥様のお産をお手伝いいたしましたの。淑子ちゃん、上海から帰るうちがなかったら、いつでも世田谷の僕のうちにおいでとおっしゃるのでお邪魔していたら、奥様が産気付かれて。それでわたくし、ただちに近くのお医者様のところに飛び込み、大慌てでお湯を沸かして盥《たらい》に入れたりして、銀座の岩崎先生の事務所にお電話をして……それはもう『風と共に去りぬ』のメラニーのお産に立ち会ったスカーレット・オハラの心境でございましたの。」

「ところで、先生のことをどうお呼びしたらいいのでしょうか。李香蘭さんとか、山口さんとか……あー、それから大鷹さんとか。」

「わたくしのことはジャミーラと呼んでくださってけっこうです。アラファト議長がつけてくださった名前で、アラビア語で淑子という意味だと聞きました。」

「李香蘭というのは……。」

「あの名前はもう捨てました。上海で漢奸《かんかん》裁判が開かれたとき、もう一生『李香蘭』という名前を名乗らないと誓いましたから。」

「はあ。」

「でも、どう呼んでくださってもけっこうです。わたくしは名前どころか、言葉も、家も、国も、それに夫も変えました。ハリウッドで仲良しだったチャップリンにスイスで再会したとき、彼がわたくしのかたわらにいる大鷹を見て居心地悪そうにしているので、This is my second, new husband と申しましたら、納得してくれました。あの方だってもう、生涯に何回結婚してらしたのでしょうねえ。」

　これが山口淑子さんとの対話の始まりだった。もっともいきなりこのときの対話を書き出しても、その波瀾万丈な人生を知らない人には、何のことだか理解できないだろう。ごくごく簡潔に彼女の生涯の物語を記しておきたいと思う。

　山口淑子は1920年、奉天（現在の中国東北部瀋陽《しんよう》）に、山口文雄の長女として生まれた。文雄は佐賀出身で満鉄顧問として渡満。炭鉱町の日本人職員に中国語と中国事情を教授する仕事に就いていたとされるが、詳細は不明である。おそらく12年後に成立する満洲国のため、水面下で活動していた工作員ではなかったかと推測される。彼は将来を見越して娘に北京《ペキン》語を教え、みずからの俳号である香蘭の名を与えた。

　李香蘭は亡命ロシア人の縁を辿りオペラ歌手から正式に声楽を学び、奉天の放送局で満洲人歌手としてデビューした。北京の女学校に通い、後に天津《てんしん》市長となる大物の養女となり、さらに満洲映画協会（満映）で女優として活躍を始めた。日本の映画会社である東宝が彼女を発見し、日本から到来した青年に恋をする日本語ペラペラの中国娘という役柄で何本かのフィルムを撮った。日本軍の中国侵略を正当化するため、日本の映画界は親日派の中国人美少女を必要としていたのである。もっともまだ19歳の山口淑子は、自分がどのように政治的に利用されているかをまったく自覚していなかった。李香蘭の人気は「内地」で鰻《うなぎのぼ》上りとなり、来日して有楽町の日劇で歌謡ショーが開かれた日には、観客が会場の周囲を七回り半にわたって取り囲み大騒動となった。李香蘭が実は日本人であるという事実は厳重な秘密とされた。

　日本が敗戦を迎えたとき、李香蘭は上海で漢奸裁判にかけられた。漢奸とは中国における民

（左）満洲映画協会時代の李香蘭
（右）戦後の東宝映画の山口淑子

族的反逆者のことである。彼女は日本人であることが証明され、危うく死刑を免れて日本に「帰国」した。

それまでの彼女は軍国主義の操り人形のごとき存在であった。しかしその後がすごい。松竹で黒澤明の映画に主演した後、ハリウッドに渡り、「シャーリー・ヤマグチ」の名で活躍した。年下の日本人外交官と再婚して引退し、ミャンマーへ。だが専業主婦に徹する気は毛頭ない。ＴＶのワイドショーで司会者となり、3年にわたってパレスチナを取材し、テレビ大賞優秀個人賞を受けた。日中国交回復の瞬間をＴＶで報道したことが機縁となって、田中角栄の知遇を得ると、自民党から立候補して参議院議員となり、田中派に所属した。女優生活が20年。議員生活もまた18年である。彼女が執筆した満洲時代の回想は、その後『ミュージカル李香蘭』として舞台になり、現在もなお上演されている。その存在は20世紀の東アジアにあって、もっとも神話化された女性であるといっても過言ではない。

ちなみに本章の冒頭で名を挙げた岩崎昶とは東京大学でドイツ文学を学んだ左翼系の映画評論家で、治安維持法によって入獄した人物である。彼は戦時下に出獄すると、亡命先として満洲映画協会を選んだ。李香蘭を起用し、全編ロシア語のミュージカル映画『私の鶯《うぐいす》』を制作した。軍人と特務機関の男たちに囲まれて育った山口さんにとって、彼は最初に出逢った、心優しき知識人であった。

1999年、わたしは「日本の女優」と題し、李香蘭と原節子の映画的人生を交互に並べて論じるという書物を書こうと決心した。ぜひお書きなさいと勧めてくれたのは、若桑みどり先生である。もっとも資料をどう積み上げてもわからないことが山積みだ。どうしても直接ご本人に尋ねておきたいと思い、勇気を出して二人の女優に質問を箇条書きにした手紙を出した。覚悟はしていたが、原さんからは何の返答もなかった。山口さんからはさっそく翌日に電話があった。聞きたいことがあるなら、すぐにでもいらっしゃいという。手紙を投函した直後だったので、迅速さにわたしは驚いた。

1週間後、一番町にある彼女のマンションを訪問した。最初にお手伝いさんが出てきて、控えの間でしばらく待つようにいわれた。壁には満洲国皇帝溥儀《ふぎ》の弟である溥傑《ふけつ》の書が掲げられ、その横に小さな油彩画がある。少女時代の李香蘭の肖像画だ。よく見ると、梅原龍三郎「支那姑娘《クーニャン》」と説明があった。たぶん満映でデビュー当時の彼女を描いたものだろう。そんなことをぼんやりと考えていると、しばらくして山口さん本人が姿を見せ、わたしを応接間へと案内した。この文章の冒頭に記したのがそのときの対話である。

わたしは自分の書物の構想を説明した。原節子と李香蘭は日本を代表する女優であり、ともに1920年に生まれている。原さんの方は戦中も戦後も理想的な日本女性を演じ続け、引退して以来一度もその姿を現していない。それに対し山口さんは戦時下にいつも中国人を演じ、日本の映画ファンは誰もあなたが日本人だと知らなかった。この二人の女優の人生の比較を通して、20世紀の日本映画史、ひいては戦前戦後の日本史の素描を試みてみたい。

山口さんは即座にわたしの意図を理解し賛成してくださった。それから書斎に戻り、何やら書き付けのようなものをもってきた。わたしがあらかじめ手紙で記しておいたいくつかの質問に対し、律儀に回答を文章で記して待っていたのである。かつての大女優が見せたこの律義さに、わたしはまず驚かされた。

質問のあったことがらを一通り説明し終えると、後は気さくな話になった。ハリウッド時代の思い出。金日成《キムイルソン》主席の前で、日本語で「支那の夜」を歌ったこと。アミン大統領に招かれ、ウガンダでホワイト・クリスマスを過ごしたこと。いつまでも話は尽きず、1時間くらいで切り上げるつもりだった滞在は、結局5時間くらいになった。彼女は実に愉しそうに思い出を語り続けた。

帰りしなにわたしは一つお願いをした。書物の表紙にお二人の顔写真を並べて載せたいのですがいいでしょうか。彼女は即座に、そんなことはできません。原さんといっしょなんて、あんな美しい方のそばにわたしが並ぶなんて！　それは困ります。ご本には何でもお調べになったことを書いてくださってけっこうですが、写真だけは困ります！

3日後にわたしの家に段ボールが到着した。差出人は山口さんで、驚くべきことに満洲時代からの家族アルバムが4冊も入っている。どの写真でもご自由にお使いくださいと、短い手紙が添えられてあった。

しかしこれはこれで難問であった。プライベイトに撮影されたポートレイトだけでも、まず200枚はくだらないだろう。それとは別に、戦前にはおびただしい数のブロマイドが制作され、女学生の間で大人気だった。映画のスチール写真までを勘定に入れるならば、書物の表紙のために1枚の写真を選ぶことは至難の業なのである。

わたしはしばらく躊躇していた。すると出版社の編集担当者から電話がかかってきた。山口先生から犬彦先生はもう写真は決められたかとお電話をいただいたのですが、どうお答えすればよろしいのでしょうか。ご本人は李香蘭の本だからやはりチャイナドレスのものがいいかしらとか、戦後の洋装のものがいいかしらと、迷っていらっしゃるようでした。それから、たった1枚しかお使いにならないのですのと、少しご不満の感じがいたしました。

わたしはただちに山口さんに電話をした。すみません。原さんと山口さん、表紙ではお一人1枚ずつなのです。

迷いに迷ったあげく、わたしは山口さんが戦後、「日本のダニエル・ダリュー」と呼ばれた時期の写真を表紙に選び、『日本の女優』は無事に刊行された。

2000年は、わたしがもっとも頻繁に山口さんのお宅に通った年である。ある週刊誌がわたしのことを「李香蘭の新しいボーイフレンド」といったふうに書き立てた。わたしはこの表現は困ったなあと思ったが、週刊誌を発見して一番喜んだのはわたしの母親だった。わたしたち、みんな李香蘭みたいになりたいって憧れていたのよと彼女はいった。李香蘭はそれは女学生に大人気で、みんなで「李芳蘭」とか「崔金蘭」といった、似たような名前を考案し、学校の教室で友だちどうし仲良く呼び合っていたという。

『日本の女優』を書き上げてみると、とても1冊では李香蘭の全体像を把握することはできないと思うようになった。そこで勤務先の大学で李香蘭シンポジウムなるものを開催することを思い立った。日劇七回り半事件や戦時下の上海の中華電影での映画出演、同時代の台湾人と上海人の眼から見た彼女の印象、ハルビン在住のロシア人の音楽事情といったさまざまな主題について、台湾文学者や音楽史研究家に参加してもらい、多角的に論じるという企画である。シンポジウムは大成功に終わった。山口さんは最初ぜひ参加したいといっていたが、その日がちょうどお父さんの命日にあたっていて、佐賀に墓参りに行かなければならなくなり、当日は欠席となった。その代わり、彼女はシンポジウムの席上にいる発表者の携帯電話を借り、パレスチナ解放と朝鮮人従軍慰安婦への国家としての謝罪と補償を呼びかけた。これは聴衆の誰もが予想していなかったことであったが、それがこのときに彼女が真剣に向かい合っていた案件であることをわたしは知っていた。

シンポジウムの発表原稿を一冊に纏めるにあたり、わたしは今度こそ彼女の期待が実現できるときだと思った。表紙に4枚の顔写真を掲載したのである。山口さんは大満足であった。わたしたちは一番町の自宅に近いフランス料理店で祝杯を挙げた。彼女は、もはやそのときにはわたしにも予想できるまでになっていたが、シェフに向かってわたしを紹介した。この方は岩崎先生と同じ大学を出てらっしゃるのですのよ。

とはいうものの、万事が順調に進んでいたのはここまでだった。わたしは山口さんについての3冊目の書物を企画した。彼女の長年にわたるパレスチナ難民との関わりについての対談集である。もちろん彼女は大賛成だった。自分が30年にわたって携わってきた問題について、すべてをきちんと記録しておきたいという気持ちが、彼女を駆り立てていた。しかし事は難航した。いくたびか対話を重ねたのだが、残念なことに彼女の記憶がすでに曖昧になっていた。わたしが彼女の著書を通して予習してきた事実を彼女はすっかり忘れてしまっており、断片的な記憶に固執していた。山口さん、だってここにご自分でちゃんとこう書かれていたじゃありませんか。わたしがそういうと彼女は当惑してしまい、自信を喪失してしまったのである。もうこれ以上、作業を続けることはできないなあ。わたしはそう思って企画を断念した。彼女の側にもわたしの側にも、悔しさだけが残った。わたしの手元には一塊のカセットテープが残されたが、山口さんの名誉を考えると、それを公にすることはこれからもないだろう。

もっとも挫折したものの、この企画はわたしに新しい探究の課題を与えることになった。山口さんはわたしに、とにかくイスラエルとパレスチナを自分の眼で確かめていらっしゃいといった。わたしは満洲帝国の崩壊を知っています。日本が敗戦すると満洲国はただちに消滅しました。イスラエルも同じで、アメリカが手を引けば、いずれは地上から消滅してしまいます。まだ国家があるうちに見ておくといいでしょう。ネゲブ砂漠に沈む夕陽の美しさはまさに満洲のそれでしたと、彼女はいった。

あるとき山口さんはエドワード・サイード先生に手紙を書きたいから、住所を教えてほしいといった。あの方が白血病だと知って、お見舞いの手紙を差し上げたいのですという。

山口さんが亡くなったとき、わたしはリオ・デ・ジャネイロのフルミネンセ連邦大学で集中講義をしていた。対談集の企画が途絶してからお会いすることもなくなり、短くない歳月が流れていた。亡くなられたとき、彼女は94歳であったという。奇《く》しくもそれからしばらくして、原節子も亡くなった。

わたしは日本の新聞社から追悼文の執筆を依頼され、それに応じた。帰国して確かめたところ、TV局は原節子の死については大きく騒ぎ立て、彼女の往古の出演作を争って放映したのに対し、山口さんの死に際しては、いかなる局も何の出演作も放映しなかったと判明した。まあ、そうかもしれないなあと、わたしは思った。今日の時点で『支那の夜』や『蘇州《そしゅう》夜曲』を持ち出したとしたら中国共産党政権から強い抗議が出るだろうし、本人もそれを望んでいなかったはずである。そこでわたしは個人的な追悼上映を行なおうと決意した。彼女の映像をヴィデオクリップに編集し、あるミニシアターを借りて上映した。観客席は満員だった。後になって足立正生が教えてくれたが、わたしが脳腫瘍で入院したと知った山口さんはあちらこちらに電話をし、「あんたたち、いったい何してたのよ！」と強い調子で話していたという。

その翌年、わたしは『ミュージカル李香蘭』観劇の招待を受けた。以前、北京の映画監督陳《チエン》凱《カイ》歌《ク》といっしょに観たことのある舞台だったが、新演出だということもあって、浜松町の自由劇場へ出かけていった。

途中休憩のとき、ロビーに出たわたしは、ふと懐かしい人物に出逢った。山口さんのマンションに通いで来ていたお手伝いさんである。彼女はわたしの健康が回復したことを喜んでくださり、先生がよく遊びにいらしたころが懐かしいですわといった。ふと横を見ると、そこには山口さんが初々しい表情をして立っていた。まさか、そんなわけがあるはずがない。わたしが目を丸くしているのに気付いた彼女が説明してくれた。今日はいい機会だと思って、先生の妹さんのお孫さんをお誘いしたのですよ。

少女は山口さんに瓜《うり》二つだった。いや、正確にいうならば、中国でデビューしたころの李香蘭、梅原龍三郎が描いた肖像画のなかの李香蘭にそっくりだった。

この少女は自分の祖母の姉の波瀾万丈の物語を、はたしてどこまで聞いているのだろうか。年配の誰かから、李香蘭に瓜二つだなどといわれたことがあるのだろうか。彼女はこれからいったいどのような人生を送るのだろうか。さまざまな思いが胸中を過ったが、ここは口を慎むべきだとわたしは思った。不用意に無垢《むく》に立ち入ってはいけない。わたしはただ歴史の周縁にいて、喪失された時間を虚《むな》しく手繰り寄せようとしているだけの人間にすぎないのだ。

休憩の終わりを告げるベルがなった。わたしたちは別れて、それぞれに席に戻った。それから先、わたしはこの美しい少女の消息を聞いていない。

山田せつ子

セーラー服と機関銃ってあるでしょ。わたしはセーラー服とヘルメットだったのよ。

山田せつ子はわたしにいった。彼女とその夫である南椌椌《くうくう》がわたしの家に来て、椌椌さんが焼いた皿の上にわたしが山盛りのスパゲッティを載せ、さあ食べようというときのことである。

彼女が通っていたのはかつて長野高女とその名も高く、信州で女子教育の先鞭をつけた名門校であった。戦後になって長野西高等学校と名称を変えてからも規律は厳しく、風紀を乱すことなど考えられない女子高だった。もっとも生徒たちが社会の矛盾を見つめ、それに対決の姿勢を見せたとき、当時多くの高校がそうしたようにそれを禁止したり、中止勧告をしたりするような高校ではなかった。社会に対する正義感にあふれた新聞部の部員山田は、長野県に存在する部落問題について教室で討議を重ね、自分の編集する新聞の紙面にそれを反映させた。

すべての運動の契機となったのはF・グリーンが撮った、『ベトナム戦争　写真と記録　歴史の告発』（河出書房、１９６６）という一冊の書物だった。坂本義和解説によるこの写真集の表紙には、両眼と口にぶ厚いテープが貼られたヴェトナム人青年の映像が掲げられている。彼女はいても立ってもいられない気持ちで同級生三人と語らい、反戦運動を立ち上げた。学生運動たけなわのころである。たちまち近くの信州大学から学生が駆け付け、運動のノウハウを教えた。四人の高校生はセーラー服に「反戦高協」と記したヘルメットを被り高校を出発すると、大学で中核派のデモに合流した。隊列のなかで揉《も》みくちゃにされながら、もう必死の覚悟で、泣きそうな気分でデモをしていた。後になって彼女はそう語った。

すべてが混沌としている。自分は出口のない場所に立っている。それを解決するにはもっとも過激な場所に身を置かなければならない。山田せつ子は兄が購読していた「日本読書新聞」を通して、東京で起きているさまざまな前衛芸術の情報を知った。横尾忠則の描く状況劇場のポスターに鮮烈な印象を受けた。東京だ。もうこうなれば東京に行くしかない。彼女はそう決意して、演劇を学ぶため、明治大学文学部を受験した。

1969年、山田せつ子は上京した。入学したものの大学はロックアウトの最中だった。彼女はオールナイト興行の映画館で若松孝二や東映の仁俠映画を観、眠い目を擦《こす》りながら早朝の新宿を歩いた。その年になくなってしまう都電の車体が、銀色に輝いている。草月《そうげつ》アートセンターではブニュエルとゴダール、レネを観た。早稲田の喫茶店の2階で早稲田小劇場による、障子を背負った孤独な男の芝居を観た。上野の水上《すいじょう》音楽堂で状況劇場の、これも机を背負ったまま泳いでいる男の芝居を観た。

　この年は学生運動がこの上もなく盛り上がった年でもあった。縁がないわけではなかった中核派を訪れてみると、ただちに（デモ隊の）「数を出せ」とだけ命令された。それが最初の違和感だった。１９６９年の10月21日には懐疑を抱きながらもデモに参加したところ、白山《はくさん》通りで機動隊員たちに目をつけられ、彼らから集団的な暴力を振るわれた。一人だけである。自分はどこで何をすればよいのか。彼女は混乱の極《きわみ》にあった。どのセクトもひどく硬化していて、傷ついた内面の声に誠実に応じようとはしなかった。大学生として半年が過ぎようとしているというのに、心は失語症に近いところにまで追いつめられていた。何かに手で触れてみても、熱さと冷たさの区別がつかないほどだった。

「現代詩手帖」を通して舞踏なるものの存在を認識したのは１９７０年のことである。20歳だった。翌年には笠井叡《あきら》なる舞踏家が国分寺の自宅を開放して、「天使館」なる研究所を立ち上げることを知った。研究生を十名にかぎり募集しているという。彼女は直感に導かれ、国分寺を訪れた。とても東京とは思えない田舎の坂道を下って行くと、そこに天使館があった。27歳の笠井叡が自宅の庭に煉瓦《れんが》を積み上げ、手造りで建てた稽古場である。彼はここに来ても踊れるようにはなりませんよと最初に念を押し、それでもよかったらと、彼女に入門を許した。

　入門といっても何か特定のメソッドが教えられるわけではない。すべては稽古場の掃除から始まる。示さないことがメソッドであるという暗黙の了解が、そこには横たわっていた。皮膚を着替えるのだと笠井叡はいった。だが渇き切った魂と強張《こわば》っている軀は、ただちに動こうとしない。稽古場の白い壁に背中を押し当て、膝頭を抱えながら他の人たちが踊っているさまをただ眺めているうちに、どんどん時が過ぎていった。

踊っている人たちは鋭い破片のようなものを周囲に散乱させていく。それが自分の軀に突き刺さっていくような気がした。なす術もなく稽古場の隅に小さくなって転がっていると、それでも足の指先だけが小刻みに震えているのがわかる。稽古は週に2回。それでも一度も休まず通い続け、1年ほどが経つと、視覚と触覚が敏感になって、もうこれ以上は後退することができないというところにまで軀が追い込まれているような気がした。

到来は極寒のさなか、2月に起きた。いつものように稽古場の板の上に正座し、眼を閉じて印を結んでいた。神道でいう鎮魂法である。何分かが過ぎたころ、突然、カーンと鳴るように意識が冴えわたり、軀の輪郭がはっきりと感じられた。印を結んでいた指先が、これまでになかったような速度で震え出した。振動は瞬時のうちに全身に及び、上体が激しく揺れた。正座を続けることが困難な強い力が押し寄せてきた。彼女は著書『速度ノ花』（五柳書院、2005）のなかで書いている。

「何が起きたのか理解できなくて、一瞬とまどいがよぎったけれど、頭ははっきりと醒めていて不安や恐怖はなかった。『すぐに目をあけて腰に力を入れなさい』という笠井叡の声がきこえた。目をあけた瞬間に見えたものは夥《おびただ》しい光の束だ。その光の前に、揺さぶられ、振られながら、かつてなく堂々とした自分の意識があった。初めて何かと対面しているひとりの私を感じた。」

この日の体験を境にさまざまなことが起きた。いかに日常の意識で封印しようとしても、裂け目を通してエネルギーの蓋が開き、全身が引っ張られていく。踊ることさえ困難にするような力が到来する。蓋を閉めることを学ばなければならなかった。引き返すことはできない。到来してくるものから逃げるのではなく、それを受《う》け容《い》れることだ。そして器として存在している自分を認識することだ。こうして山田せつ子は舞踏に到達した。

わたしはもし彼女が舞踏と廻り合わなかったとしたらどうなっていただろうと考える。ひょっとしたら長澤延子《のぶこ》になっていたのではないか。17歳で女学校を卒業するや自殺してしまった、天才的な高校生のことだ。彼女は戦後間もなく、共産主義者になれなかったら自殺すると決意し、劇薬のような詩を書き綴っていた。わたしがその話をすると、山田せつ子は長澤のことを知っていて、ただちにその詩の一節を暗誦してみせた。

わたしが山田せつ子と初めて逢ったのは、1980年代の終わり、ニューヨークのコロンビア大学での研究生活を畳み、東京に戻って来た直後だった。彼女はすでに舞踏家として短くない経歴を積んでいたが、それに一区切りをつけてアメリカに滞在するというので、相談を受けたのである。わたしたちは銀座で待ち合わせ、ピーター・グリーナウェイの新作の試写を観た後でいろいろと話をした。その後彼女はアメリカに渡り、先住民の居留区に滞在してその世界観と舞踏、祝祭を学んだ。

わたしたちは註釈や説明をつけながら話をしなくともよかった。なんとなれば彼女とわたしは（小学生だったころの学年で数えると）一つか二つしか年が違わず、10代の後半をほとんど同じ文化的環境のなかで生きていたからである。もう少し具体的にいうと、それは高校生から大学生のころ、68年文化に直撃を受けた世代だということを意味していた。わたしたちは草月でブニュエルを観ていた。ゴダールや若松孝二の新作を新宿で観ていた。高校時代には政治参加に情熱を抱いてはいたが、大学時代にセクト主義の現実を前に挫折感を抱いたという点でも、同じ時代を生きてきたのだという気がした。もっともその傷は、彼女の方がわたしよりもはるかに深かっただろうとわたしは推測した。

それにしてもさらに偶然だったのは、わたしが70年代の初め、笠井叡の『天使論』という著作に感銘を受け、それ以来、彼の舞踏公演に足を運んでいたことだった。おそらく弟子であった山田せつ子は、会場受付に座っていたのではないだろうか。ただ一つだけ食い違うところがあった。彼女は自分の卒業した高校を誇りに思っていたが、わたしはそれを恥だと思っていたことだ。

80年代に池袋西武の8階にあった小さなホール、スタジオ200のことでも、わたしたちは（互いに互いを知らないままに）少なからぬ時空を共有していた。山田せつ子は1982年にフリージャズとのセッションでソロを披露して以来、6回にわたってここで踊っている。とりわけ89年に発表したソロ作品「天体ノ秋」は、その後の改訂を含めて大きな意味をもっている。彼女はこの最初の公演の3週間前に、スタジオのロビーで父親の死を告げられたのだった。父親は舞踏家になることを、病弱ゆえに中途で諦めた人物だった。彼の遺したバレエシューズを舞台の上で履き潰すまで踊ろうと決意が生まれ、その後、「FATHER」という作品に結実した。

わたしはというと、おそらくスタジオ200の最多登壇者ではなかったかと思う。この小ホールは池袋に林立していた映画館のなかにあって独自に映画上映を行なう許可を得ることができず、かならず講師を立て、その人物の講演の参考上映という形でしか映画をかけることができない仕組みになっていた。そのためわたしはチェコ映画であろうが、個人映画であろうが、とにかく何か上映があるたびに電話で呼び出され、ぶっつけ本番で話をすることを求められた。だがそれとは別にこのスタジオに恩義を感じているのは、わたしが提案した韓国映画の連続上映を何年にもわたって実現してくれたことによる。当時、どこも相手にしてくれなかった企画だった。わたしはソウルから監督や俳優を招聘し、シンポジウムを開催した。

初めて逢ったときわたしが驚いたのは、山田せつ子がわたしの『われらが〈他者〉なる韓国』というエッセイ集を読んでいたことだった。彼女はわたしの別の本も読んでいて、挟み込みの読書カードに感想を書いて出版社に送っていた。わたしはそれを知って、無性にうれしい気持ちになった。というのも、韓国から帰国して以来、わたしは自分の周囲を含め日本人一般がいまだに韓国に対して抱いている無知と無関心に、心底から苛立《いらだ》ちを感じていたからである。

日本人はさまざまな経路を通って韓国に接近する。わたしの場合には大学院の同級生に誘われ、ソウルの大学に外国人教師として就職したのが契機だった。山田せつ子の場合にもさまざまな偶然が働いていた。だがわたしは、彼女にしても自分にしてもその偶然を奇貨として受け取り、創造の契機としたという点で共通していると思う。

山田せつ子は韓国のダンサーたちと深い信頼関係を築き上げ、現在にいたるまで、たびたびソウルで公演を行なっている。2019年には前衛音楽集団サムルノリの演奏を音源として用いて、みごとなソロ作品を発表した。韓服に想を得た衣装を身に着け、大きく薄いカラペ1枚をもって舞台に現れると、激しい打楽器の連打のなかでその紙を自在に操った。チマの裾をつまんだかと思うと、荒馬に跨がるような身振りを見せ、最後にくしゃくしゃになった紙をふたたび手にして舞台を閉じた。わたしは実感した。あらかじめ計画していたことを実現させるのではなく、長い時間をかけて思いがけない偶然を必然へと切り替えることができたとき、人生はより豊かになるのだと考えた。

彼女が「天体ノ秋」なる連作を踊り出して4年目の冬、わたしは舞台評を執筆した。これは考えられるかぎり単純な空間のなかで演じられた、一人称の思考のプロセスだ。秋とは世界が熱気や興奮から少しずつ遠ざかり、凋落《ちょうらく》と沈黙とを歓びをもって確認する季節である。舞台の閾《しきい》のところまで歩いていって爪先で立ち、すっと右手の人差し指を前に出すと座り込んでしまった山田せつ子は、ひとたび天空の果てを求めたイカロスが、過ぎさりし方を見つめて追想に耽っているかのようだ。わたしはそう書いた。

ところでセーラー服とヘルメットはどこへ行ったのだろうか。高校生のときに垣間見《かいまみ》たヴェトナム戦争の悲惨な映像は、その後どうなってしまったのか。2022年、わたしが観たもっとも新しい舞台において、彼女は半世紀以上前のこの体験に立ち戻り、それを記憶と継承という文脈のなかで咀嚼《そしやく》してみせた。

「シロヤギ　ト　クロヤギ　ト」は、山田せつ子が長い間教鞭を執ってきた京都造形芸術大学（現在は京都芸術大学）での最後の学生、倉田翠《みどり》と組んでの作品である。近年に到って彼女は親子ほどにも年齢の違う若者を好んで相手役に選び、対照的な二人の舞踏家が相互交感の間に生み出していく、さまざまな次元の差異を作品として提示するという実験を行なって来た。そこに歴史的記憶の問題を絡ませることで構築されたのが、この作品である。

山田せつ子はクロヤギである。彼女は裸足に黒い上着。赤いガーベラと水差しをもって登場する。意識的に表情を殺し、様式化された動きを続ける。これに対し、倉田翠はひどく背が高く、スポーティな白の上下を着用して舞台に登場する。いや、1匹のシロヤギが飛び込んでくるといった方がいいかもしれない。この山羊《やぎ》はひどく元気がよく、スニーカーを脱いだり履いたりしたかと思うと、最初は小声で最後には大きく、ほとんど意味のない自分の父親の話を延々と語り続ける。クロヤギは思慮深く落ち着いている。シロヤギは幼児のように右手を口に咥《くわ》えてみせたり、つねに不安定で落ち着きのない身振りのもとにある。

革命歌「インターナショナル」がアカペラで流れる。それもフランス語と中国語、さらにヴェトナム語で。半世紀前のヴェトナム戦争のスライド映像が次々と背後のスクリーンに映し出される。空爆と兵士たち、さまざまな残虐な場面。クロヤギはこうした映像が作り上げてきた記憶に固執しているかのように見える。シロヤギは逆にそれらにまったく無関心のまま、自分でも統括のできない揺らぎの内にある。クロヤギはシロヤギを治療しようとしているのか。それともみずからの解放を求め、映像の記憶をシロヤギに憑依させようとしているのか。いずれにしても明らかなのは、クロヤギが過去の映像をいまだに生々しく受け止め、けっしてノスタルジア的な感傷に耽っているのではないという点だ。

この作品に統合的な結論はなかった。結論など安易に実現できるものではない。にもかかわらず統合できないものをめぐって、なんとか意思の疎通と記憶の継承を願うという舞踏家の創作意図を、わたしは自分なりに受け取ったような気がした。山田せつ子はグリーンの写真集から受けた衝撃を、ずっと心中で守り続けてきたのだ。公演が終わってしばらくして彼女と話すことがあった。どうして背景にヘルメット姿のセーラー服の女子高生の写真を出さなかったのと、わたしは尋ねた。あのころは必死だったから、そんな写真を撮っている暇もゆとりもなかったのよと、彼女は答えた。

伊藤比呂美

わたしが知り合ったころ、伊藤比呂美《ひろみ》は毀誉褒貶《きよほうへん》のまっただなかにいた。彼女については、恥知らずだとか、気持ちが悪いといった常套句《じょうとうく》が飛び交っていた。不用意に名前を口にして、もし夜の夢のなかに出てきたら気味が悪いと、雑誌で発言している者もいた。自分の性体験を赤裸々に語る若い女性詩人というのが、彼女に与えられていたステレオタイプであった。

吉祥寺の駅ビルで民芸店の店番をしていた青年が、出たばかりだよといって、彼女の新しい詩集を見せてくれた。表紙には紅とも緋色《ひいろ》ともつかない地の色に、黄緑で大きく「姫」と書かれている。店番の青年は、自分でも詩を書こうと思っているといって、井の頭公園の池で魚に麩《ふ》をやっている自分とは何だろうという詩を見せてくれた。１９８０年、わたしがソウルでの外国人教師の職を辞して、東京に戻って来た直後のことである。

わたしは『姫』を借り受けて読んだ。いや、はたしてそうだったか。書店で見つけ、自分で買って読んだのかもしれない。その当時は多くの書店に、普通に現代詩の詩集が置かれていた。

わたしは長い間、詩というものからすっかり遠のいていた。詩を読むのは、誰もが罹《かか》る麻疹《はしか》のように、高校時代に詩の真似ごとをして以来のことだ。伊藤比呂美の詩については、とりたてて露悪的な印象も扇情的だという感想ももったわけではない。へえー、しばらく見ないうちに、現代詩ってこんなふうになっていたのかというのが、率直な感想だった。

四方田氏、興味ある？　比呂美ちゃんは俺の大学の後輩だし、よく知ってっから、今度紹介してやるよと、店番の青年はいった。こうしてわたしは阿佐谷にもう一店舗あったねじめ民芸店の二階、物置に使われていた部屋で、伊藤比呂美と会うことになった。年長の詩人たちが目の色を変えて罵ったり憎悪の眼差しを向けるというからには、さぞかし肉食獣的な美女かと思いきや、まだあどけない顔つきの、どちらかといえば小柄な女性が、人の目を窺うような感じで、おずおずと薄暗い階段を上って来た。わたしがいささか拍子抜けしなかったといえば嘘になるだろう。もっともそれが彼女の得意技である猫被りであったことを、当時のわたしが見抜けなかったといえば、それまでの話であるのだが。

そのころは、わたしの周囲で誰もが何かをすれば、たちどころに認められたり賞をもらったりする時期であったような気がしている。伊藤比呂美は2年前に最初の詩集を刊行し、新人賞を受けていた。彼女を紹介してくれた青年、ねじめ正一（ここらで名前を出しておいた方がいいと思う）も、伊藤比呂美に続いて最初の詩集を出し、たちまちH氏賞を受賞した。それどころか小説を書くとただちに直木賞を受け、あれよあれよという間に紅白歌合戦の審査員を務めるまでになった。わたしにしても同様で、いきなりこれまで同人誌に発表していた映画批評の文章を刊行したいという申し出があった。いまだに信じられないことではあるが、それはフーコーやバルトといった現代思想のトップスターが並ぶ叢書《そうしょ》の一冊として刊行された。後にわたしは海外で開催されたシンポジウムの後のパーティでそのことを話題にしたことがあったが、居合わせた誰もがそれを信じてくれなかったという体験をしている。今になって思い出してみても、信じがたい話である。

伊藤比呂美は驚きの連続だった。何を驚かせるとか、誰を驚かせるという話ではない。彼女の存在自体が、まるで自動詞のように周囲の何もかもを「驚かせる」のだ。

知り合って間もないころである。たまたま街角でばったり出逢ってしまい、しばらくお喋りをしながら道を歩いていたところ、柴犬《しばいぬ》とも秋田犬ともつかない犬が向こうからやって来た。伊藤比呂美は犬の姿を認めるとたちまち両手をアスファルトの道路にペタンとつけ、四《よ》つん這《ば》いになって犬に話しかけた。犬は警戒することなく彼女に近付き、両者は何ごとかを話し合っているかのように見えた。犬に話しかけるときにはけっして高い視点から始めてはいけない。犬と同じ位置に身を置かなければいけない。こうした真理を彼女は生理的に取得しているように見えた。猫についても同様で、彼女は歩いていて目敏く猫を発見する名人だった。

電話で話していて、いきなり鳥の砂肝は男性の睾丸《こうがん》に似ているといい始めたこともあった。話題の唐突さに一瞬たじろいだが、この程度でまごついていたら伊藤比呂美と対話をすることなどできない。しばらく大人しく話を聞いているうちに、この比喩は彼女が長い間温めてきた、思い入れの深いものであることがわかってきた。胡瓜《きゆうり》と砂肝の組み合わせはオツマミとして最高よと、彼女はいう。

話が弾んで、というより彼女がその話にどんどん深入りしていってというのが正確なところなのだが、自分の家に伝わる、砂肝の得意料理を伝授してくれるという。あのね、まず砂肝を洗ってキレイにした後で切り目を入れ、トンカツソースを鍋に注いで……と、彼女は説明を始めた。いくたびとなく調理してきたという自信が、その口ぶりからは感じられる。ところが途中で電話が中断された。耳を澄まして聞いていると、どうやら彼女は母親と話しているらしい。それもかなり長い間である。わたしと長電話をしているのがお母さんには迷惑だったのだろうと恐縮していると、しばらくして伊藤比呂美がふたたび電話口に出た。

あのね、さっきの話で、もう一度、作り方を説明するから。砂肝をまずキレイにして切り目を入れ、それからお醤油でクックツ煮て、次に……。どうも先ほどのレシピとはまったく違っている。察するに、彼女があまりにデタラメなレシピを電話口で話しているのを母親が聞きつけ、これはいけないと正統的な家伝の料理法を教え直したのだろう。さすがに伊藤比呂美もこのときは決まりが悪かったらしく、それ以来、わたしの前で砂肝の話はしなくなった。とはいうものの、わたしは妙なところで感心していた。うろ覚えの料理法をかくも確信をもって延々と説明し続ける伊藤比呂美に、不思議な感動を覚えていたのである。

初めて会ったころ、伊藤比呂美は高円寺の南側、青梅《おうめ》街道を越したあたり、武蔵野の森の雰囲気の残る古い家の離れに独りで住んでいた。親しくなってしばらく経って、わたしは吉祥寺の家から自転車に乗って彼女の家を訪れたことがある。部屋の隅には小さな陶器の猫の人形が何十と並んでいた。不思議に思って眺めていると、一つあげるから、好きなものを選んでといういう。彼女の最初の結婚のときの、披露宴での引き出物の残りだった。この離れは広々とした畳の間で、そこで彼女は気ままに詩を書いたり本を読んだりしている。新宿で呑んでいたわたしは、ときどき友人を連れてこの家に彼女を訪れることがあった。

伊藤比呂美もまた、吉祥寺のわたしの家に遊びに来た。わたしの母は彼女の気さくさを気に入り、こないだ見えたあの方、ほら、お芝居をやってらしたあの綺麗《きれい》な方とはずいぶん雰囲気が違うわねえといった。如月小春のことである。

わたしたちはこのころ、1週間に一度、いや頻繁なときには3日に一度くらい会って、お喋りをしていたような気がしている。

伊藤比呂美はわたしを詩の朗読会に誘った。わたしはそこで吉田文憲《ふみのり》や乙益《おとます》由美子、井田真木子といった、若い詩人たちの存在を知った。彼らはまだ駆け出しで、最初の詩集を出すか出さないかといった時期であり、それぞれに「時分の花」を生きていた。わたしには何もかもが新鮮に映った。わたしがほとんど誰とも付き合わず、大学院に閉じこもって論文に集中し、その後に韓国に滞在している間に、同世代の人たちはこんなに生気あふれる詩を書いていたのだ。わたしはまた伊藤比呂美に乞われて、彼女が主演の16ミリ映画に出演した。そのフィルムのなかで彼女は、自分の身体に休みなく生えてくる毛を抜くという癖について情熱的に語っていた。

伊藤比呂美が知り合いの詩人たちを紹介してくれたように、わたしもまた彼女を自分の友人たちのところへ連れて行った。もっともこれは場合によってはうまくいかないことがあった。彼女は何ごとにおいても直感的に判断することに秀でていて、それが多くの場合には周囲に詩人的霊感の発現として理解されるのだが、ときには純粋な反撥を引き起こすだけのこともあった。そのさまはまるで猫が他の猫に向かって、ふうふうと息を吐いて威嚇し、攻撃的な身構えをけっして崩そうとしないさまに似ていた。これは彼女の生理だと、わたしは諦めるしかなかった。

伊藤比呂美はわたしの男の友だちの大方とは話が合った。とりわけ大学院の同級生だったポーランド文学専攻の西成彦《まさひこ》とは気が合った。吉祥寺の家で小さなパーティがあったとき、わたしは西に彼女を送っていくように頼んだ。その後のことは知らない。ほどなくして彼はワルシャワに留学し、わたしを含めた「三人組」は解散した。

あるとき伊藤比呂美は、今度、ヨーロッパに行こうと思うと、わたしにいった。パリとかロンドンとか、全部行くのよ。ポーランドも行くわ。そう口にする彼女は実に幸福そうに見えた。じゃあ西にも会うといいよ。住所、教えてあげるから。

伊藤比呂美はしばらく黙っていた。それから少し気まずそうな声で、わたし……西さんと結婚するのよと答えた。わたしは思わず笑った。

もうすっかり記憶が遠のいてしまったが、彼女の書いた詩に「Ç考」というものがあった。現在では人口移動と都市の拡大によって消滅の危機に瀕しているが、東京の下町では昔は「質屋」を「ひちや」と発音した。［h］でも［s］でもない、［Ç］という音である。伊藤比呂美はこの微かな息づかいの音が、自分の母親のみならず、母方の伯母、叔母たち、祖母たちに共通していたということを、記憶を辿りながら詩に遺した。両の唇を震わせながら虫の音のように発せられるこの音声の消滅は、それを発する者たちの緩やかな滅亡を意味し、土地の結界の解体を告げている。不朽を誇る文字言語が男たちに属しているとすれば、発せられた次の瞬間には消滅しているこの無声音は、世界の周縁に押しやられた女性たちのものだ。わたしはこの詩をある感動のもとに読んだ。自分が個人的に知っている作者に、思いがけずも畏怖すべきものを感じたのだ。

伊藤比呂美との付き合いは、あるとき突然に断ち切られた。彼女と西成彦がワルシャワから帰国し、熊本に住み出してしばらくのころである。二人の共著である子育てエッセイが評判となり、映画になった。伊藤比呂美は詩人である以上に女性エッセイストとして注目を浴び、さまざまな雑誌に文章を寄せていた。西成彦とおそろいのセーターを着て、新婚家庭のわが家に遊びに来たこともある。二人はいかにも幸福そうなカップルに見えた。

それからしばらくして起きたことは、わたしにはいまだに理解できないことである。彼女はある卑劣な行為を行なった。ただちにそれを知った西がわたしに謝罪の連絡をしてきたが、わたしにはその意味がわからなかった。わたしは事件の細部をここで物語るわけにはいかない。もしそれを行なうならば、自分が彼女と同じレベルにまで墜《お》ちてしまうことを怖れるからである。

強烈な不潔感がわたしを襲った。もし脳髄が胃袋のように嘔吐《おうと》ができるものなら、わたしは猛烈な嘔吐を催していたはずだ。家のなかに伊藤比呂美に関するもの、伊藤比呂美が手に触れたものがあると思うだけで耐えられない気がした。深夜、わたしは本棚にある彼女の詩集を残らず取り出すと、家の外にあるゴミ捨て場に運んだ。最初に出逢った直後に受け取った猫の人形も、ポーランドのお土産だといって渡してくれた木彫りの人形も、目につく順番から捨てていった。伊藤比呂美とはそれ以降、会うことはなかった。一度、どこかの地方都市のホテルで朝食を摂っていたところ、たまたま彼女がいて、わたしの卓までやって来て挨拶をした。わたしはただちに返礼ができなかった。かつてあれほど親しかったというのに、彼女の顔を忘れてしまっていたのである。

伊藤比呂美の話はここまでである。わたしは人づてに彼女が離婚し、年配の白人男性の子供を出産したことを聞かされた。そのどちらが先であったかは知らない。彼女が前夫との間の娘たちを引き連れアメリカ西海岸に移り、新しい家庭を築いたとも聞いた。その後、新しい夫や父親を看取《みと》っていく途上で仏教を知り、経典の超訳を刊行しているとも聞いた。

そういえば傑作な話があった。わたしが「四方田犬彦」の名前で最初に刊行した詩集が、萩原朔太郎賞の候補になったことがある。わたしはそのことを最後まで知らず、当時、客員研究員として滞在していたインドネシアで、結果だけを携帯電話で知らされた。受賞したのは伊藤比呂美の詩集で、わたしは最終選考で敗れたのだ。

そりゃ当然だよな。わたしはタナ・トラジャの森のなかですべてを了解した。受賞できずに悔しいという気持ちは露ほどにもない。何しろ敵はもう30年にわたって詩に精進していて、望まぬ妊娠やら家庭内の葛藤やら、自分の「汚れた歳月」の記憶をことごとく詩作に注《つ》ぎ込んできた人間だ。詩に元手がかかっている。わたしのように中年を過ぎて気まぐれから詩集を出してみた素人が彼女を押しのけて受賞しようものなら、それこそ殺されてしまうだろう。

受賞作は仏教を主題としたものらしい。ああ、仏教というものは実に衆生を救済するものであるなあと、即座に納得がいった。尾崎紅葉に『二人比丘尼色懺悔《ににんびくにいろざんげ》』という小説があるが、色欲や羨望に突き動かされ、道を誤った凡夫にも、阿弥陀仏は差別なく救済の手を差し伸べるものなのだ。やがて帰国して大学教授になった伊藤比呂美が大新聞で人生相談を担当していると知ったとき、わたしは笑いが止まらなくなった。

重信房子

重信《しげのぶ》房子さんに会った。14年ぶりである。前回は東京拘置所の面会室。看守立ち会いのもと、わずか15分言葉を交わしただけだった。その後もある時期まで手紙のやり取りができていたが、彼女の刑が確定してしまうと面会が不可能となった。ただ、わたしからの通信は可能だったので、パリやらハバナやら、サハラ砂漠から絵葉書を出した。わたしは10年以上にわたり、支援者の会が刊行している印刷物を通して、彼女の動静を知ることができた。

今回は新宿の喫茶店で、お互いに好きなだけ話すことができた。そういえばあれはとか、実はあのとき……なんて話しているうちに、3時間が経ってしまう。喫茶店は満員だったが、彼女がかの伝説的な「女闘士」であると気付く人は誰もいなかった。出獄してからもうすぐ1年となる。街角を歩いていてそれと気付かれたり、声をかけられるなどといったことは何もなかったと彼女はいった。わたしの眼の前でアイスコーヒーを飲んでいる彼女は、彼女の言葉を借りるならば、誰が見てもみごとにフツーのオバサンだ。

重信房子は2000年に大阪で逮捕され、20年の懲役刑を受けた。同時にレバノンから送還された日本赤軍の大方のメンバーの判決と比べると、刑期が一桁違っている。判決は9・11事件の後であり、そこには明らかに見せしめの意味が隠されている。

獄中生活は苦難の連続だった。彼女は癌に罹患《りかん》し、4回にわたって手術を受けた。独房を出ての運動は、平日のみで一日に30分しか許されない。「不正行為」はただちに懲罰の対象となり、そうなると朝の点呼から夕方の点呼までの間、寝台の上で正座を続けることを強いられる。囚人どうしが口をきくことは厳禁。それでも作業中に近付いてきて、「重信さんって、下の名前は房子なのでしょ」と、こっそりと話しかけてくる人がいた。囚人たちは秘密裡にではあるが、おそるべき情報交換術に長けていた。

日本の刑務所がいかに人権蹂躙《じゅうりん》の空間であるかは、すでに国際的に知られている。とはいえ日本国家としては、重信房子の獄死だけは避けたかったと思う。もし彼女が刑期半ばで死んでしまったとしたら、樺《かんば》美智子以上に伝説的な存在となってしまうからだ。

出獄後、房子さんはまず体力回復のため、静養に専念しなければならなかった。刑務所ではすべての移動がエレベーターで、階段を使うということがない。どうしても足が弱ってしまう。だから歩く練習、階段を下る練習から始めなければならない。さらに癌の専門病院での再手術。何しろ1971年に日本を出てパレスチナ難民の世界に飛び込んだのだから、日本社会がこの半世紀の間、どう変化していったのかがわからない。コンビニ。携帯。マスク着用。新宿で地下鉄駅を出たものの、雑踏のなか、どこをどう歩いて行けばいいのか。さながら浦島太郎のごときである。

それでも彼女は徐々にこの「すばらしい新世界」（ハックスリー）を理解しようとしていた。中学高校、大学時代の友人たちと語り合い、旧知の加藤登紀子のコンサートを聞きに行った。2冊目の歌集を刊行し、結社の歌会に参加した。歌人たちは彼女の歌を高く評価し、歌集は賞を受けた。獄中で知り合った女性とばったり再会した。あなたから「クスリをやめなさい」と強くいわれたおかげで更生できましたと、その女性は感謝の気持ちを込めていった。連合赤軍のリンチ殺人事件の犠牲者であった親友の墓に詣でた。そしてとうとう、事件の加害者側の一人とも会って対話をした。

誰もがわたしに尋ねる。どうして活動家でもない一介の映画研究者が、重信房子と知り合うことができたのか。この疑問はもっともだ。わたしが大学生であった1970年代から、すでに彼女は伝説であった。周囲には彼女への憧れを隠そうとしない女性たちが何人もいた。彼女が日本赤軍の最高幹部であることも、日本のメディアがあるときから態度を豹変《ひょうへん》させ、彼女を「魔女」や「凶悪なテロリスト」呼ばわりし出したことも、わたしは知っていた。しかしまさか自分が個人的に知り合いになるとは、想像もしたことがなかった。

最初のきっかけは山口淑子さん（李香蘭）である。彼女がわたしにイスラエル滞在を強く勧めたことについては、本書で書いた。彼女はわたしに勉強用だといって、3年にわたってパレスチナを含む中東を取材したTVドキュメンタリーのヴィデオを見せてくれた。その1本が1973年の重信房子独占インタヴューで、これはその年のテレビ大賞優秀個人賞を受けた。中東のどこかで撮影されたと思《おぼ》しき映像のなかでは、腰に届くばかりの長髪の女性が、パレスチナ難民の悲惨とイスラエルの不正義を淡々と訴えていた。

2004年、わたしは強い関心をもってイスラエルへ向かった。テルアヴィヴ大学に籍を置き、エルサレム経由でヨルダン川西岸のパレスチナ自治区にしばしば足を向け、帰国後に『見ることの塩』（作品社）という滞在記を執筆した。

2005年になって突然、重信房子の獄中歌集『ジャスミンを銃口に』（幻冬舎）が送られてきた。誰が送ってくれたのかはわからない。作者本人からではない。歌集にはわたしが前年に足を向けたパレスチナの地が、帰還困難な「まほろば」の地として描かれていた。わたしは日本の定型詩について体系的知識をもっているわけではない。だがいくつかの歌に感銘を受けたので、書評をある文芸誌に発表した。おそらく作者はわたしのような人物が、政治闘争とはまったく関係のない文脈から歌を評価することなど予想していなかったと思う。こうして文通が開始された。

2016年、わたしはパリで親しい友人ジョスリーン・サアブから、重信房子とその娘メイについてドキュメンタリーを撮りたいから協力してほしいと相談された。ただちに東京八王子の医療刑務所にいる房子とベイルートにいるメイに連絡を取ると、二人はこの提案を強い好意のもとに受け入れてくれた。もっともこの計画はジョスリーンの急逝によって中断されてしまった。わたしは深い悲嘆と挫折感に囚われたが、それについては一切を『さらば、ベイルート』（河出書房新社）に詳しく書いたのでもう繰り返さない。

重信房子さんに再会したとき、わたしにはぜひ聞いておきたいことがいくつかあった。といっても日本赤軍時代の真相とか世界情勢の分析とか、そんなことではない。それならば獄中で執筆した、数々の書きもののなかに、きちんと記されている。彼女が収監されていた医療刑務所には各種新聞から雑誌までが届けられており、さながら全世界の情報の集約点のごときであった。少なからぬ人が書物を送ってきた。彼女は支援者たちが地道に刊行してきた「オリーブの樹」に、長きにわたって日録を連載した。厖大《ぼうだい》な分量をもった日録には、日々移り行く世界情勢に対するコメントが細かく記されていて、後世には歴史的資料として大きな意味をもつことだろう。だが著述活動はそればかりではない。彼女は20年を超える獄中生活のなかで『日本赤軍私史　パレスチナと共に』『戦士たちの記録　パレスチナに生きる』といった、少なからぬ書物を執筆している。たとえ処遇がいかに非人道的なものであったとしても、獄舎が優れて執筆の場所であることは、『獄中ノート』によって20世紀のマルクス主義文化理論を先導したグラムシを待つまでもない事実である。

とはいえ、わたしが直接に本人と話したかったのはそのようなことではない。彼女が赤軍戦士となるはるか以前、少女時代のことだ。どのような家庭に育ち、両親からどのような道徳的薫陶を受けたのか。また自分のかたわらにいる隣人たちをどのように認識していたか。もっと端的にいおう。わたしが重信房子という人物から聞きたかったのは、彼女の父親であった末夫という人物と、彼を信頼し、彼の家庭を守った朝鮮人集落のことであった。

重信家は代々が鹿児島県の市来《いちき》村（現在の垂水《たるみず》市市来）に城を有する士族であり、島津と争って覇権こそ失ったが、その客分として薩摩《さつま》に続いた旧家である。維新後には没落し、房子の父親末夫は長崎医大に進んだが学資が続かず断念。上京して安岡正篤《まさひろ》の私塾・金鶏《きんけい》学院に通った。井上日召《にっしょう》の薫陶を受け民族主義の道を歩んだが、もとより温厚で暴力を厭《いと》う性格であったこともあり、血盟団事件でも5・15事件でも、テロ行為への参加を許されなかった。帰郷して後進の指導にあたれと、厳命されたのである。末夫は帰郷して私塾を開き、満洲関東軍の少佐として日本の敗戦を迎えた。帝国の崩壊は予想できており、さしたる感慨もなかった。

末夫は上京し、世田谷のボロ市通りに小さな食料品店を開いて家族を養った。二女の房子は1945年生まれである。小学生のころ、天皇裕仁が近くの馬事公苑《こうえん》に来るというので、街中の人たちが歓迎に往来まで出るということがいくたびかあった。幼い房子もまた駆け出して行った。父親を誘ったが、彼は頑として首を縦に振らなかった。房子は群衆の先頭に立った。そのとたん、背後にいた大人の手がぐいっと彼女の頭を摑み、無理やりにお辞儀をさせた。天皇がまさに眼前を過ぎていくときだ。房子はこの思いがけない暴力に理不尽なものを感じ、父親がなぜ天皇の行幸を観に行こうとしなかったかが、漠然とではあるが理解できたという。

房子は高校を卒業すると、キッコーマンに勤め、トマトケチャップの販売促進戦略に明け暮れた。夜になると明治大学の二部に通い、戦前日本のファシズムを主題に卒業論文を執筆した。大学のバリケードのなかに何日も泊まり込み、デモの当日には救援対策部隊を率いて、負傷者を介抱した。綽名《あだな》は「赤チンの重信」。帰宅したときにはキャンパスで起こったことのすべてを父親に報告し、判断を仰いだ。2・26と5・15は違うのだ。前者は国内問題に終始したが、後者には国際的な視野があった。末夫は娘に向かって言葉少なにそう語った。彼女が「右翼のすごいお父さん」の娘であることは、バリケードでは誰もが知っていた。

房子がベイルートに渡るときにも、父親はけっしてそれを止めようとしなかった。現地に着いた房子は日本大使館に頼まれ、日米両大使館の野球大会の応援に駆り出された。妊娠すると、父親に頼んで『スポック博士の育児書』を日本から送ってもらい、出産の準備をした。リッダ空港での銃撃戦（日本では「テルアヴィヴ空港事件」。だがテルアヴィヴには空港は存在していない。エルサレムとテルアヴィヴの中間にベン・グリオン空港があるだけである）が起きると、末夫は日本人の三人の行動を支持する漢詩を房子に送った。

末夫と房子の間の信頼関係を前にすると、日本でいうところの右翼と左翼という二分法がほとんど無意味であることに気付く。末夫は戦後、食料品店の主人として市井に埋もれ住んだ。大言壮語の輩《やから》を嫌い、自分の娘に向かって声低く語った。わたしは草莽《そうもう》の士とはこのような人ではなかったかと考えている。

重信房子は1961年、都立第一商業高校に進んだ。家庭の経済的事情から、まず大学進学は無理だろう。だったら一般の都立高よりも、商業高校の方が就職に有利だという判断からである。自分が高校をやめるから代わりに妹を高校に行かせてほしいと姉が宣言したので、房子の進学は実現した。代官山にあるこの高校は、大学への進学率が高い一方で、成績は優秀だが商店街に小さな店舗を構えるだけの商店の子弟であるため、高卒で就職を余儀なくされているような少年少女の通うところでもあった。

房子は文芸部に入った。モノを書くことが好きで、文学に志をもっていたからである。実は中学生時代にも学校新聞を代表して井上靖を訪問し、インタヴューをした。井上に勧められたこともあって武者小路実篤《むしゃのこうじさねあつ》の作品に親しむことになり、高校に入るとさっそく彼に手紙を書いて逢いに行った。『友情』のヒロインは民主的ではありませんと、物怖じもせず批判する女子高校生を前に、武者小路は感激したようである。台所にいる夫人に大声でそれを伝えた。夫人はこの小説のヒロインのモデルであった女性だった。武者小路は房子の堂々とした態度をすっかり気に入ってしまい、色紙を書いて与えた。

この挿話はわたしに、アメリカ西海岸で中学生だったスーザン・ソンタグが、勇気を振り絞って亡命先で孤独な思いをしているトーマス・マンに逢いに行き、大きな感銘を受けたという話を思い出させる。人はたとえ自分がいかに若く無名であっても、その書物に敬愛の念を抱いた作家に逢いたいと思ったならば、どんなに無理をしても逢っておくべきであり、それが後に自分の人生に大きな指針を与えることになる。ある時期にわたしが抱くにいたったこの確信を、重信房子もソンタグも証明しているように思われる。

17歳のとき、房子は「朝鮮の子」という短編小説を執筆している。美弥と良二という姉弟が主人公である。父親は建築会社の社員で、共産党だといわれて逮捕されたこともある在日朝鮮人である。母親は日本人だが、家庭を捨てて別の男と再婚してしまった。姉の美弥は中学校を卒業すると玩具工場で働くことになる。弟の良二は優秀な成績で高校に進むが、親友であるP

TA会長の息子が女友だちを妊娠させたとき、彼を庇って自分が子供の父親だといいはるよう伝え、高校を退学。瓶の製造工場の労働者となる。朝鮮人であることが発覚することへの気後《きおく》れ。世界の周縁に置き去りにされていることの寄る辺なさ。自分たちを差別する者たちへの憎悪と、緊急なる自己防衛の意識。わずか４００字詰め原稿用紙16枚ほどの短編であるが、ここにはきわめて濃縮された形で差別と家族の相互信頼の感情が描かれている。これではまるで女性版中上健次ではないか。

　いったい17歳の日本人の文学少女が、どうしてかくも繊細な作品を執筆できたのか。作者は後にパレスチナ難民の救済に生涯の情熱を懸けるのだが、社会から排除された者たちへの共感に満ちた眼差しは、すでにこの短編に表れている。わたしは思わず、日活映画『キューポラのある街』を思い出した。生涯を町工場の一労働者として過ごした昔気質《かたぎ》の父親（東野英治郎）が、吉永小百合演じる主人公に向かって、朝鮮人なんかと付き合っているのかと叱る。吉永小百合は突然真顔になって、父親に反論する。朝鮮人の子と付き合って何が悪いっていうのよ！

　重信房子と吉永小百合は、同じ１９４５年に生まれている。だが大きな違いは、『キューポラ』の父親が無知に由来する差別主義者であったのに対し、末夫は近隣の朝鮮人たちに深く信頼されていたことだろう。ヤクザが末夫の店に嫌がらせに来たとき、朝鮮人たちは一致団結して店を守った。

重信房子は『キューポラのある街』というフィルムそのものは観たことがないと、わたしにいった。もっとも吉永小百合には少女時代から好意をもっていて、貧しい家の子供があんなに苦労していて、偉いなあという印象を抱いていた。吉永小百合は重信房子の書物を読んだことがあるだろうか。二人がもし出逢ったらどんな話をするだろうか。

重信房子さんについてはまだまだ書いておきたいことがたくさんあるけれども、本章はここらでお開きとしておこう。あれは80年代のことだったが、都市論を専攻する女性研究者と知り合い、アヴィニョン演劇祭を皮切りに、ナポリからアグリジェントまで長旅をしたことがあった。彼女とは気が合い、その後も香港やヴェトナムにいっしょに出かけ、植民地建築のあり方について多くのことを教えてもらった。都市研究の人はよく歩く。１００年前の地図をあらかじめ複写しておき、それを手がかりに街歩きをしたりする。おかげでわたしは海外旅行がスポーツでもあることを知った。もっとも彼女には問題が一つあった。どこの国に行っても入国審査のときひどく時間がかかり、ときには一人だけ別室に呼ばれたりするのである。

いったいどうしていつもこうなのだろう。あるときわたしは尋ねた。

しかたがないわよ。この髪型のせいね。彼女は笑いながらいった。

腰まで伸びたストレート・ロングヘアーのおかげで、彼女はどの国に行っても重信房子に間違われていたのである。

それから30年ほどが過ぎ、わたしが久しぶりに出逢ったとき、もはや彼女は長い髪をばっさりと切り、活動的なショートヘアーにしていた。奇しくもそのころ、房子さんもトレードマークの長髪をやめ、ショートにしていた。

ああ、時代とはこういうものなのかなあ。わたしは溜息《ためいき》をついた。それではアグネス・チャンは、南沙織《さおり》は、そして大好きだったスータン（栗田ひろみ）はどうなのだろう。わたしの記憶のなかで70年代とは、ストレートのロングヘアーの女性たちが築き上げる、懐かしの星座である。その彼方《かなた》、オリオン座の近傍に重信房子がいることだけは間違いがない。

鷺沢萠

鷺沢萠《さぎさわめぐむ》はわたしの前で、意識的に乱暴にふるまっているような気がした。

彼女は胸を大きく強調した黒いドレスを着、何か飲みかけの液体が入ったプラスチックのコップを片手に立ちながら、わたしに向かって話しかけた。みうらじゅんだったら、「すげえ、フェイ・ダナウェイ決めてるじゃん。」というところだろう。わかるう？　これがわたしの生き方よと、彼女はいいたげな雰囲気をしていた。

わたしたちは銀座テアトルであるポーランド映画が上映されるというので、初日に観客の前で対談することになっていた。

彼女は自己紹介の挨拶も抜きに、いきなりわたしに話しかけた。「サンミョンで教えてたって本当？　わたし、留学して最初のころ、あの大学のすぐ側《そば》、ホンジェドンに住んでたのよ。もう最低の下宿で、毎日の食事がひどくて、一刻も早く脱出することばかり考えていたわ。」

おそらく読者には何のことか理解できないと思う。ソウル西北部の、山沿いにある大学と住宅地のことだ。わたしは1970年代の終わりごろソウルに住んでいて、祥明《サンミョン》女子師範大学（当時）に週に2回、日本語を教えに行っていた。満員のバスを乗り継ぎ弘済洞《ホンジエドン》のバス停で降りると、急な坂を登り切ったところに、その大学はあった。しかし日本に帰国してからそのことを文章に書いたことはないし、人に話したこともない。

どうして彼女は知っているのだろう。誰に聞いたのだろう。けれども今、自分の眼の前に立っている女性作家、それも大学入学の直前に小説の新人賞をとり、美人で天才だといわれて、あっという間にベストセラーを出した女性作家は、わたしに向かって、わたしがすっかり忘れていたはずの固有名詞を次々と並べ、話しかけてくる。

わたしは少し当惑した。しかし鷺沢萠の言葉を受け容れた。彼女はわたしと何か同じ記憶を共有していることを確認したい。いや、それ以上に、ソウルの話をしたくてしかたがないのだ。対談はあっという間に終わった。打ち上げを韓国料理店でしますからと、映画の配給会社の社長がいった。わたしたちは新大久保で大人気の店に向かった。

席に着き次第、鷺沢萠は大声で「チョギヨオ！」といった。韓国語でお店の人を呼ぶときに使う言葉である。韓国の食べ物のことはわたしに任せといてね、という感じである。それからメニューを見て、次々といろいろなものを韓国語で注文した。注文した料理がどんどん運ばれてくると、「これはね、こうやって食べるのが本当の食べ方なのよ。」といって、ケジャンを箸で掴むと、いきなりムルキムチの汁のなかに突っ込んで、かき混ぜてみせた。ちなみにケジャンとはコチュジャンのソースや醤油に生蟹《なまがに》を漬け込んだ料理であり、ムルキムチとは大根や白菜を本来は米の研ぎ汁、昨今の料理店では牛スープなどに漬け込んで発酵させた料理である。いずれも冬のソウルの名物だ。汁はたちまち真っ赤になった。彼女は自信満々で機嫌がよかった。

「知ってます？　韓国ではこうやるのが普通なのよ。」

大丈夫かなあ。わたしは少し心配になった。わたしはソウルの冬をいくたびか体験したことがあるが、そんな食べ方をしている韓国人など見たことがなかったからだ。きっと彼女は誰かにそう教えられたのだろうな。しかし、わたしの気がかりはそんなことではなく、別のところにあった。日本の韓国料理店では不用意に韓国語を口にすべきではないと、体験的に知っていたからである。

お店の人が仮に在日韓国人だったとして、その人が韓国語を話せるとはかぎらない。在日韓国人は一人ひとり、まったく違う人生を生きている。朝鮮学校に通った者を別とすれば、韓国語を解する若者はそれほど多くないと見るべきだろう。言葉をめぐる無神経は、思いがけず人を傷付ける。わたしは鷺沢萠が勢いよく店員に注文をしているのをかたわらで眺めながら、ちょっと心配になった。でもまあいいや。とりあえずビールで乾杯だ。

その直後、彼女の携帯電話が鳴った。「ああ、わかったわ。今、打ち上げなの。……大丈夫よ。10分か15分くらいですむから。じゃあね。」彼女はそれだけいうと、携帯を切った。よく聞き取れなかったが、いつもの遊び仲間との麻雀《マージャン》の約束のようだ。わたしと社長が、なんだか気が削《そ》がれてしまったなあという感じで黙っていると、彼女は急に言葉遣いを改め、「申し訳ありませんが、ちょっと都合が悪くなりましたので、ここで失礼させていただきます。」といい、あっという間にいなくなってしまった。

わたしと配給会社の社長は、ケジャンを突っ込まれて真っ赤になったムルキムチの椀《わん》を前に、しばらく何もいえなかった。いったいこれって何だったのだろう。みごとに置き去りにされてしまった。わたしは思った。彼女はこうやって、意識して粗暴にふるまうことが韓国式なのだと信じているかのようだ。

そうだ、思い出した。もう20年近く前のことになるが、初めて住んだソウルで知った、日本人と韓国人の行動様式の違いに、最初のうちは驚きの連続だったことを。彼らは混雑する大通りでは、人の肩を押し分けて歩いた。お互いをミスターとかミスと呼び合い、食卓の中央に置かれた巨大なボウルから、それぞれにスプーンを使って味噌汁《みそしる》を呑んだ。靴を揃えて脱ぐという習慣がなかった。

几帳面《きちょうめん》で細かなことに神経を苛立たせる日本人からすれば、韓国人の仕種がときに乱暴に見えることはよくあった。これは逆に韓国人から見るならば、日本人の仕種が奇異に見えたことをも意味している。おそらく鷺沢萠にも似たような体験があったはずだ。とはいえわたしも彼女もいつしかそれに慣れ、韓国人と同じようにふるまうことで韓国に入り込んでいった。帰国したわたしはお菜箸という日本人独特の習慣が面倒くさくなったし、車が一台も通っていないのに信号が青になるまでじっと横断歩道の手前で並んでいる日本人を、何とも馬鹿馬鹿しいと思うようになった。

だがわたしの印象では、鷺沢萠はどこかで勘違いをしているように思えた。彼女はひょっとして、粗暴さこそが韓国人のマナーの本質であると信じてしまったのではないか。何か決定的な体験があって、それがトラウマになったのかもしれない。彼女は両親の代で日本に帰化しており、法的には在日韓国人ではない。後述するお祖母《ばあ》ちゃんの出自など、無視してしまえばそれですむ問題である。現にそうして生きている日本人を、わたしは何人も知っている。だが鷺沢萠は自分の意志で韓国に接近していった。これはサルトルの言葉を借りるならば、実存主義的投企である。韓国に向かって身を投げかけたのだ。そして彼女の信じるところの韓国人らしさに過剰に身を重ね合わせることで、自分が韓国人らしくなれると思い込んでしまった。わたしはそう考えている。

ジミ・ヘンドリックスの祖母はチェロキー族であった。だがそれは、この不世出のロック・ギタリストがチェロキー族であることを意味しているわけではない。

最近わたしは石原真衣の『〈沈黙〉の自伝的民族誌《オートエスノグラフィー》』（北海道大学出版会）を読んで、この文化人類学者がそう書いていることを知り、目から鱗《うろこ》が落ちるような気持ちを感じた。

石原は12歳のとき、それを聞いても後悔しないかと母親から念を押された上で、初めて自分の祖母がアイヌであることを知らされた。それ以前、家族のなかでアイヌが話題になったことはなかったし、自分でもアイヌに関心をもっていたわけではなかった。しかし親しい友人にそれを告げると、ある者は絶句してしばらく音信不通になり、別のある者は「アイヌでも気にしない」といった。後者の発言には、明らかに民族的優越性の意識が感じられた。それ以後、石原は出自をめぐる自分の立ち位置が決められず、それに悩み、やがて問題を学問的に分析して博士論文を執筆した。

鷺沢萠もまた自分に韓国人の血が流れていることを、長い間知らずにいた。会社社長の娘として富裕に育った彼女は、18歳で小説家としてデビューした後20歳を超えてから、戸籍謄本を見て、祖母が朝鮮半島から来たことを知った。これはとても大きく重要な主題だ。これを契機として新作を書いておきたいと、おそらく彼女は作家として決意したのではないかと、わたしは推測している。これは彼女の文学を初期短編から読んできた者なら、理解できるだろう。鷺沢萠はデビュー当時から、世界の周縁に置かれた者たちを主人公として描いてきた。

そこで1993年、24歳のときにソウルの延世《ヨンセ》大学校の語学堂《オハクタン》に半年間留学し、帰国後も熱心に韓国語学校に通い続けた。祖母は彼女に、もう家のことは書かないでほしいといい残して死んだ。だが彼女はそれに逆らって書き続けた。韓国とは何か、自分とは何ものかという主題を携えながら、小説を発表していこうと決心していたのだろう。

鷺沢萠と逢ったのは、先に書いたときの一度きりで、それが最初で最後である。この慌ただしい出逢いから2年後、彼女は留学体験に基づいて、『君はこの国を好きか』という小説を発表した。「この国」とは韓国のことである。それを読んだわたしは、あるときサンミョンに近いホンジェドンに住んでいたという彼女の生活が、いかに孤独で悲惨なものかを知った。そうだったのだ。だから彼女は、同じ場所を知っているわたしと話がしたかったのだ。けれども、わたしたちはそれ以後逢うことがなかった。それからしばらくして、彼女は自殺した。

鷺沢萠の書いたものは、これからも読み継がれることがあるだろうか。同じ在日韓国人でソウル留学組でも、李良枝《イヤンジ》は最近も選集が編まれ、次世代にも彼女を論じる者は少なくない。鷺沢萠は数年前に文庫が1冊、出ることは出たが、かつて大人気だったこの人を記憶している人は今どれほどいるのだろう。わたしは彼女ともっと落ち着いたところでゆっくり話してみたかったが、それはできない。

矢川澄子

矢川澄子さんに初めて会ったのは、新宿二丁目のナジャというバアだった。四谷シモン展覧会カタログに書く文章のことで、この稀代《きだい》の人形作者と、ああでもないこうでもないと相談をしていたところ、扉を開けて小柄な女性が入ってきた。やあ、矢川さん、とシモンが挨拶をし、ヨモちゃん、この人、矢川さんよと、わたしを紹介した。矢川さんはニコニコしてカウンターの椅子に腰かけた。

わたしは矢川さんのことは、昔から知っていた。『ことばの国のアリス』という、ウィッティな言語遊戯に満ちた詩集の作者であること。澁澤龍彥と結婚していたころドイツ語から『O嬢の物語』を翻訳し、それを元にして澁澤がこの古典的ポルノグラフィーの邦訳を完成させ、それが現在にいたるまでベストセラーであること。グリム童話からブレヒトまで、またホッケのマニエリスム美術論集まで、数多くのドイツ語テクストを翻訳してきたこと。わたしの（悪魔的な）師匠である由良君美が大学を退官するにあたって、折句《おりく》を用いた詩を献じたこと。だから初対面という気がまったくしなかった。

わたしは現実の彼女に出逢うはるか以前から、彼女が創造した想像的庭園のなかを徘徊《はいかい》していたのだ。そのなかのどの場所に行けばどんな巨樹が生えているか、どこの渓流を辿って行けば美しい花園に出ることができるかといった地理に、もとより長けていた。だから彼女にモノを尋ねることもなかったし、彼女の方から何かを嚙み砕いて説明するということもなかった。それに加えてわたしは、このときすでに、彼女の書物について書評を発表していた。

『「父の娘」たち』（新潮社）は、偉大なる父親の陰に生きて文学に向かった二人の女性作家を論じた長編エッセイである。一人は森茉莉《まり》。もう一人はアナイス・ニン。彼女たちにとって父親とはまず不在の存在であり、垣間見ることすら稀有《けう》な存在であった。森茉莉は鷗外の内面に、明治のエトスである上昇志向とは方向を異にする、幼児のごとき怪物性を認め、それを継承することで美少年小説を執筆した。アナイス・ニンは美貌であるばかりか、神のように女性的でしかも淫蕩《いんとう》な父親から霊感を授かり、多彩な男性遍歴へと向かった。『「父の娘」たち』とは意味深な題名である。これは甘美にして危険な書物だなというのが、読み終わったときの第一印象だった。わたしは書評に書いた。世にメロドラマという言葉があるが、もしこの矢川さんの本を名付けるなら、「ミエロドラマ」ではないだろうか。ちなみに「ミエロ」とはイタリア語で蜂蜜のことである。

とはいうもののわたしは、文学者としての矢川澄子には、蜜のように甘美な顔だけでなく、残酷で黒い諧謔《かいぎゃく》に満ちた面もあることに、直感的に気付いていた。幸福だった幼年時代を回想したり、ノンセンスな言語実験に夢中になるときとはまったく別の顔を、彼女が心の深いところに隠していることを見抜いていた。それが端的に現われるのが、スウィフトのような諷刺《ふうし》作家について論じたときである。

矢川澄子は『ガリヴァー旅行記』の作者のことを、いくたびか論じている。とりわけ彼が子供を嫌い、身近に近付けなかったことや、生涯子孫を残さなかったことに強い関心を示している。わたしは学位論文の主題がスウィフトだったこともあって、この矢川さんのスウィフトへの執着、いや拘泥に関心を抱いていた。

スウィフトは大英帝国の最初の植民地アイルランドに、教会の司教として蟄居同然の形で押し込められ、彼《か》の地の悲惨を眺めながら生涯を終えた。流竄《るざん》の生である。かの地では新生児の誕生とは、飢餓と隣り合わせの不吉な事態であった。あるときこの司教は、これは慎ましげな提案にすぎませんがと断って、アイルランドの悲惨な食糧事情を解決する方法なるものを申し出た。アイルランド人はカトリックであり、子だくさんであるから、彼らの赤ん坊を食用に飼育し、アイルランドの富裕層の食卓に供すればどうでしょう。人口問題は解決するし、美食趣味も満足が行く。一挙両得ではないかという提案である。

驚くべきことに、矢川さんのスウィフト論はさらにその先を行っていた。『反少女の灰皿』のなかで、彼女は書いている。スウィフトの着眼点は興味深いが、どこまでも男性の立場からの発言にすぎない。女性の立場から見れば、男性の射精と女性の分娩は等価な行為である。両者の欲求と自由をともに肯定するためには、嬰児《えいじ》抹殺の義務条例化を打ち出すべきである。妊娠中絶は女性の内なる自然を破壊するため、勧められない。新生児はひとまず産み、その上で食肉として市場に廻すべきなのだ。生後4、5カ月の時期がもっとも適当であるだろう。もちろんこうした処置には人道的見地から反対意見があることは予想される。であるなら、母親にその新生児の死肉を優先的に食べさせることを考えてはどうか。大方の母親にとって血を頒《わ》けたわが子とは、それこそ食べてしまいたいほどにかわいいものなのだから、赤ん坊を司直の非情な手にむざむざと引き渡すよりも、よっぽど人道的な処置ではないか。

これはもはやスウィフトではない。バスチーユの牢獄《ろうごく》のなかで『ソドム百二十日』を書いたサドの思想だ。矢川澄子はサド研究家の澁澤龍彥との結婚を通して、サドの大量の血液を輸血されていた。彼女が亡くなって20年以上が経ち、彼女は今では全世界の少女の味方、頼りになるお姉さんといったイメージのもとに受け止められているが、わたしにはその優しげで慈愛に満ちた表情の裏側に、サド＝スウィフト的なる人類への悪意が隠されているように思えてならない。この悪意が何に由来しているか、わたしには推測がつかないわけではないが、それはここには書かない。あまりに残酷すぎるからだ。

あれは世界が「新世紀」というものに突入して間もないころであった。わたしがポール・ボウルズとの長年の交際を契機に『モロッコ流謫《るたく》』を執筆し、それが賞を受けてしばらくしてからのことである。矢川さんから一度、黒姫山に遊びにいらっしゃいとお誘いを受けた。そこで5月の天候のいい日を見計らって、長野経由で出かけていった。

矢川さんのヒュッテは、黒姫駅からタクシーで山を登ったところにあった。一階が生活空間で、二階が書庫という間取りである。この一帯は豪雪地帯だ。車を運転しない矢川さんはさぞかし不便だろうと思ったが、どうやら土地の若い衆に話をして、冬場は屋根の雪下ろしを頼んでいるのだという。

到着し、しばらくお茶を飲みながら話しているうちに、矢川さんがこれから鱒《ます》を釣りに行こうといった。近くに養魚場があるらしい。新緑のなかを渓流に沿って歩くのは気持ちがよかった。わたしは2匹を釣るのが精いっぱいだったが、その間に彼女は10匹ほどを釣り上げてしまった。帰りがけには水辺に自生しているクレソンを摘んだ。すると夕食の席にはその鱒とクレソンがフライに化け、キリリとしたラインガウのワインとともに出た。きっとこういうのがドイツ的というのだろうなあ。ブレヒトとハイネの翻訳者でもある矢川さんの台所姿を眺めながら、わたしはそう思った。

いろいろな話になった。ホフマンのこと。童話集の作者ハウフのこと。神秘学者である高橋巖《いわお》さんのこと。それからかつての結婚相手であった澁澤龍彦の話になった。四方田さんは澁澤には会ったことがあるの？　一度、お手紙をいただきましたが、結局お会いしそびれてしまいました。そう、残念ね。澁澤と会っていたら、きっといくらでも話が弾んだことと思うわ。

それから矢川さんは、澁澤のことは2冊も本を出したし、書きたかったことはみんな書いたのだけれど、一つだけまだやり残したことがあるのよといった。二人が結婚する前に出し合った手紙がたくさん残っていて、それを本にしておきたいというのだった。

澁澤龍彦と矢川澄子が結婚していたことを知らない人はいない。二人が鎌倉の由比ガ浜の砂の上に座り、カード遊びをしている姿を捉えた有名な写真がある。夏の陽が強いからだろうか、矢川さんは深く帽子を被っていてその顔が見えない。それが考えようによってはマグリットの絵のように、わざと顔面が隠されているかのようにも見え、不思議な雰囲気を醸し出している。

二人は大学を卒業後、岩波書店の校正室で知り合った。婚約をしたものの澁澤は結核に感染しており、しばらく鎌倉の自宅で寝たきりでの静養生活を余儀なくされた。今のようにパソコンやスマホで簡単に連絡ができるわけではない。家族の目を気にし、電話ですら憚《はばか》られる時代に、二人は3年ほどにわたり、ただひたすら手紙を書き合ってお互いの気持ちを確かめ合った。

不幸にして結婚生活は10年ほどで終わったが、別れに際して矢川さんは、そのぶ厚い手紙の束を思い出の品として持ち去った。それが今、黒姫の山荘の食堂、鱒の皿の隣に、つまりわたしの眼の前に置かれている。

この往復書簡が世に出たとき、初めて澁澤の書いたもののすべてが公になるのよと、矢川さんはいった。

矢川さんはわたしに、『モロッコ流謫』はジェイン・ボウルズの章から読んだといった。この本の中心人物であるポール・ボウルズの妻で、ニューヨークからモロッコのタンジェに移住して以来、アルコール依存症と鬱病を併発し、一説では現地の女性に呪い殺されかけたという噂もあった女性作家のことである。

メキシコ旅行の最中、ある日突然姿を消して何日も戻ってこなかったり、ボウルズが外国に出かけようとするとパスポートをクローゼットのなかに隠したり、ジェインは一般的ないい方では常軌を逸した「悪妻」であった。とはいえ、文学的才能はボウルズよりも長けていたと評価する向きもないではない。ボウルズはジェインの世話と後始末に忙殺されたが、彼女がマラガの精神病院で亡くなる直前にカトリックに改宗したと知って、烈火のごとくに怒った。モロッコ紀行を執筆するにあたってわたしはそんな彼女に興味を覚え、一章を捧げたのだが、矢川さんはまずその部分から読み始めたのである。

モロッコって行ってみたいのだけど、心配だわ、女一人で行けるかしら。

うーん、不可能とはいえませんが、初めての旅でいきなり一人だと大変かもしれません。わたしはそう答えた。

わたしの母親は旅行好きで、モロッコに行ったことがある。日本からのツアーに参加して、マラケッシュからアトラス山脈を越え、サハラ砂漠の最西端に足を延ばすというコースであった。もっともそれはあくまで団体観光旅行の話であって、個人旅行が同じようにスムーズに進むとはかぎらない。ホテルから一歩外に出ると自称ガイドに取り囲まれ、混乱の隙に財布やカメラを盗まれたり、慣れない羊料理で腹痛を起こしたり、何が起こるか見当もつかないのがモロッコへの旅なのである。わたしのように彼の地の魅力に取りつかれ、5回も6回も足を運んだ人間ですら、あっさりと騙《だま》されてしまったりする、油断大敵の場所なのだ。それにちょっと失礼なことをいうようだが、矢川さんはドイツ文学者ではあっても、フランス語がお得意というわけではない。わたしはモロッコが大好きな人間であるが、もし矢川さんが単身でタンジェの波止場に着いたとして、何か深刻な事態が起きたとしたら……。わたしは有事の際に彼女を守り切れる力も度胸も持ち合わせてはいない。

その晩わたしは、まあそんなことを酔いに任せてだらだらと説明した記憶がある。そのとき、ふと思い当たった。矢川さんはわたしの母親と同い年で、しかも同じ年齢で離婚を体験した人だった。やっぱり個人旅行は勧められない。

ずいぶん遅くまで話し込んだなあという気がしている。その夜は二階の書庫に据え置かれているソファベッドで泊めてもらった。食堂を後にするとき、わたしは一つ印象深いものに気付いた。壁にポスターが貼られている。メキシコ・オリンピックを前に、もう自分は走れないといって自殺したマラソン選手、円谷幸吉《つぶらやこうきち》の遺書をあしらったポスターである。どうしてこんなものが貼ってあるのだろう。矢川さんは毎日、このポスターを見ながらご飯を食べているのだろうか。


黒姫の山荘に招待されてから半年ほどが経った。わたしは若桑みどり先生といっしょにデリーのシンポジウムに出かけたり、メロドラマ研究の書物を翻訳したり、あいかわらず忙しげな日々を送っていた。あるときイタリアから絵葉書が到来した。差出人は矢川さんで、どうやら妹さんである小池一子さんがキュレイションを務めたヴェネツィア・ビエンナーレを見物に行って、その会場かホテルかから投函したもののようだ。絵葉書にはこの不思議な運河の都の印象が書かれていて、最後に「モロッコにはいつ連れて行ってくださるのですの。」とあった。

モロッコ？　なんとしたことか！　わたしはすっかり忘れていたのだが、どうもあの夜、酔っ払ってしまい、それじゃあ今度モロッコに行くとき、お誘いしますよと、気軽に口にしてしまったらしい。困った。次から次へとグラスに注がれる上等のラインガウがいけなかった。どうも矢川さんは本気で楽しみにしているようだ。

翌年の5月、矢川さんは自殺してしまった。わたしが遊びに行って、鱒釣りをしたり、クレソンを摘んだりしたちょうど1年後のことである。もう自分がするべきこともしたいこともすべてしてしまったといった気持ちになっていたのだろうか。わたしにはわからない。彼女の訃報を聞いてただちに思い出したのは、食堂の壁に貼られていた、円谷幸吉のポスターだった。

しばらくして矢川さんを偲ぶ会が開かれた。会場にはミュージシャンの「たま」のメンバーやら、高橋悠治やら、生前に彼女と親交のあった人たちが来ていた。わたしを呼ぶ人がいた。小池一子さんだ。自殺ということを思い出さないよう、集まった人たちがつとめて陽気にふるまっているような感じがした。

姉はね、こないだヴェネツィアに来てくれたのだけど、その行き方が変わっててね。普通だったらマルコ・ポーロ空港からサン・マルコ広場行きのバスに乗って陸路を行き、ホテルの近くで下ろしてもらうのが一番便利なのに、わざわざ各駅停車の船に乗って、トルチェロ、ブラーノ、ムラーノと、一つひとつの島に停まりながら、大変な時間をかけてやって来たのよ。どうしてそんな奇抜なルートを知ってたのと尋ねたら、ヨモタ君がその方が面白いよっていったって。それで、今度、ヨモタ君といっしょにモロッコに行くんだって、それは楽しそうに話していたんですよ。

　わたしは小池さんの言葉を、ただただ気まずく聞いているしかなかった。わたしはなんと罪深いことをしてしまったのだろう。

　もしわたしが矢川さんをタンジェやフェズに誘っていたとしたら。群がって来る自称ガイドを追い払いながら、彼女をエスコートして迷路のような街角を廻り……それは想像するだに大変なことで、わたしは自分を差し置いて、彼女のケアで疲労困憊《こんぱい》してしまうだろう。けれどももしそれが、彼女の内側にあった自殺への衝動を片時でも緩和する気晴らしになったのだとしたら……いや、それは約束を蔑ろにしてしまった者の抱く、傲慢な空想である。わたしにはとても彼女が覗き込んでいた生の深淵《しんえん》の深さを知る術がない。彼女がどのような孤独のなかに生きていたかを推測することなどできない。わたしにできたのはただ彼女の鞄《かばん》をもって成田からパリ経由でタンジェまで飛行機に乗り、ホテル・エル・ミンザの中庭でミントティーをいっしょに飲むくらいのことである。しかもそれをわたしは調子よく請け合ったものの、すっかり忘れてしまっていたのだ。

　矢川さんとの出逢いと別れは、いったい何だったのだろう。わたしはそのすべてが夢であったような気がしている。ほんの些細《ささい》な偶然から、突然、現世に引き戻されてしまい、後にはぼんやりとした記憶しか残っていないような、美しい夢である。

岡田茉莉子

「四方田さん、女優の定義って何かご存じ?」

「はあ? 女性の俳優でとか……。」

「違うわよ。『女優』って漢字でどう書くか、知ってるでしょ。優れた女、という意味よ。女優はあらゆる意味で優れた女でなくてはいけないの。」

「はあ。」

「たとえば着物のことを知ってなくちゃいけない。わたしは18歳で『舞姫』に出たときから、独りで銀座に行ったり、あちこちの呉服屋さんを訪問して見せてもらい、自分で着物のことを勉強しました。今の人はみんな、コーディネーターがやってくれるわけでしょ。昔は違うから、自分で役を解釈して、自分で気に入った着物を見つけてこなければいけない。それから洋服だって、小さなものだって。『秋津温泉』でわたしがしていた長いマフラー。お気付きになって。あれはたまたま自分で見つけたのを使いました。でも着物に詳しいだけじゃあ、女優にはなれません。」

「映画を観るとか？」

「映画ももちろんですけど、自分と同じ時代に生きている人の書いた文学をよく読むことです。わたしは本屋さんが好きで、タイトルだけ見て買ったりします。中村眞一郎さんの『熱愛者』という小説が好きで好きで、どうしてもあの主人公を演じたかった。それで面識もないのに喫茶店に中村先生をお呼び出しして、映画化権を下さいっていきなりいったのです。先生はびっくりして、でも承諾してくださって、それでわたしが企画を立てて主演したのです。

どうして吉田（喜重）の映画に出るようになったかというと、あるとき突然に『ろくでなし』という脚本が送られてきたのです。長らく木下恵介監督の下にいた、まだ27歳の吉田という助監督が監督としてデビューする。本人の要望もあってぜひ読んでほしいと、製作者からの手紙が添えてありました、そのころにはもう80本ほどの映画に出演していたのですが、今まで読んだことのないような本でした。とにかく言葉を失うしかないような内容でした。そこで、喜んで出演しますと答えたのですが、スケジュールの都合でそれが実現せず、残念に思っていたところ、やがて出演100本記念の映画を撮ろうという話になったのです。そこでわたしから吉田監督を指名して、『秋津温泉』という企画を出したのでした。吉田がわたしを発見したのではなく、わたしが吉田を発見したのです。」

わたしたちは青山のイタリアン・レストランの個室でずっと話をしていた。そこは岡田茉莉子さんと吉田喜重監督のご自宅のすぐ近くで、いうなればお二人がご近所の行きつけにしているところだった。今日来てもらったのはねと、突然、岡田さんがいった。

「実はそろそろ纏めようかと思って。」

「纏めるって、何を?」

「鈍いのねえ。自叙伝よ。昔、若いころに新聞に少し連載したことがあったけど、あれから何十年も経ったから、その間のことをきちんと書いておきたいのね。」

そこでこのエッセイの冒頭の会話、女優の定義という話になったわけだが、どうやら岡田さんが執筆を決意したのは、昨今の若い女優たちを眺めていて、つくづくその無知と不勉強ぶりに呆《あき》れ返ったかららしいと、だいたい見当がついた。

あるとき岡田さんは期待される新進監督の作品で、重要な脇役を演じることになった。しばらくの間、合宿生活が続いた。岡田さんが現場に入ってから数日後に新人女優が付き人たちといっしょに到着したが、彼女からは何の挨拶もなかった。自分の眼前を平気で通り過ぎてゆく彼女の姿を見て、岡田さんは自分が若いころから叩き込まれた映画界での約束と礼儀の作法が、もはや完全に風化してしまっていることを思い知らされたという。

岡田さんがなんとなく居心地が悪そうにしているのを見て取った若い監督は、撮影の最終日、ついに新人女優に意見した。大先輩に向かって礼を失してはいけないよ。新人女優は不承不承に了解し、最後の最後になって挨拶をした。……こうした事件の一切が岡田さんに、自分の女優としての経験を書き付けておこうと決意させたのである。

わたしはただちに知り合いの編集者に連絡し、出版社がゴーサインを出すのを待ってインタヴューを開始した。女優として多忙な生活を送っている岡田さんのことである。直接に原稿用紙に向かう時間などとてもあるまい。インタヴューを重ね、テープ起こしをもとに加筆してもらうのが順当ではないかと判断してのことだった。だが実際は違った。彼女は映画やTVの撮影の合間に、コツコツと独力で執筆を続け、それを吉田監督がパソコンで打ち直して、原稿を完成させたのである。これには驚いた。現在、文春文庫で読むことのできる『女優 岡田茉莉子』がそれである。

岡田茉莉子について語ることは簡単である。日本映画が戦後の黄金時代を迎えていたとき、そのもっとも高い場所に立っていた女優である。これだけで充分だ。余計な言葉はいらない。彼女は成瀬巳喜男《みきお》、小津《おづ》安二郎、マキノ雅弘、木下惠介といった巨匠のフィルムに出演した。吉田喜重の『秋津温泉』をみずから企画し、撮影後に監督と結婚すると、さながら詩神《ミューズ》であるかのように彼のフィルムの多くに霊感を与えた。そして『男はつらいよ』のマドンナを演じない、ただ一人の大女優となった。もうそれ以上に付け加える言葉など必要だろうか。

フォン・スタンバーグとディートリッヒ。ゴダールとアンナ・カリーナ。アントニオーニとモニカ・ヴィッティ。こうした監督と女優が、あたかも運命であるかのように出逢うことで、映画はときに奇跡のような作品を生み出してきた。世界の映画史における幸福な出逢いである。それが日本映画においてみごとに実現したのが、吉田喜重と岡田茉莉子だった。

そう、彼らは最後まで運命をともにした。二人が新婚旅行にヨーロッパへ発った直後、松竹は吉田の最新作の結末部を、監督に無断で削除して公開した。帰国した吉田は怒って松竹に辞表を出した。松竹のドル箱スターであった岡田茉莉子も、同時に辞めた。そればかりではない。吉田の師匠であった木下惠介監督も、同じ時期に辞めてしまった。つまり松竹はもっとも重要な監督二人と女優を、一挙に失ってしまったのである。

岡田茉莉子は若き日に谷崎潤一郎に出逢うことで、女優としての道を歩み出した人である。18歳のときだ。すでに谷崎は長年住み慣れた関西を引き払い、熱海に居を構えていた。それは梅雨の合間の晴れ渡った日で、岡田さんは白の半袖のブラウスに紅いコール天のスカートという姿で谷崎家に通じる長い石段を登っていった。谷崎は和服姿だった。

「あなたが岡田時彦の、お嬢さんですか。」

谷崎は確認するかのように、最初に尋ねた。岡田時彦とは谷崎が若くして失った愛弟子《まなでし》だった。映画に情熱を燃やしていた谷崎が最初に制作したフィルムにあって、主演を務めた美貌の男優である。谷崎は戦前のモダニズムのなかで一世を風靡《ふうび》していた岡田をこよなく愛し、岡田も谷崎の立ち居ふるまいから多くのものを受け取った。もっとも彼は30歳の若さで身罷ってしまった。岡田茉莉子はその忘れ形見である。老境に達した作家は突然眼の前に出現した少女を、おそらくプルーストであるなら「時の結晶」とでもいうであろう感情のもとに眺めていた。青春時代の愉しかった思い出が、一挙に心にこみ上げてきたはずである。

谷崎は岡田さんの半袖のブラウスから覗いている両腕をじっと見つめた。彼女は思わず隠すように両腕を抱いた。

「似ている、お父さんの腕と、よく似ている。」

谷崎はそういうと、あらかじめテーブルに用意してあった白紙に毛筆で「岡田」と書き、それから「まりこ」という漢字をいく通りか書いてみせた。岡田さんの本名が鞠子だったからだ。映画界に入るにあたって、芸名として好きな文字を選びなさいというわけである。ちなみに三十数年前、岡田時彦という芸名を考案したのも同じ谷崎だった。

岡田さんは迷わず「茉莉子」を選んだ。「茉莉」の意味は知らなかったが、どこか異郷的で神秘的な感じがしたからである。

「この『茉莉』の字は、南方に咲く白い花の名前で、ジャスミンともいって、高貴な香りのする花です。」と、谷崎はいった。おそらく彼は「真理子」でもなく、「麻里子」でもなく、「茉莉子」が選ばれたことに満足を感じていたはずである。

それからほどなくして、岡田茉莉子のデビュー作『舞姫』の撮影が始まった。彼女は生まれて初めて美容院に行き、自分でお化粧をすることを学ばなければならなかった。考古学者の娘として北鎌倉の裕福な家に生まれ、バレリーナを志すものの、両親の不和に苦しむ少女というのが、与えられた役柄である。

これが女優岡田茉莉子の始まりである。それから後の、半世紀を超える彼女の偉大なる活躍ぶりについては、わたしがここで書くまでのことではあるまい。第一、それを書くには莫大な紙数が必要だし、先に挙げたご本人の自伝に向かうのが一番だからだ。彼女はみごとに茉莉の花にふさわしい高貴を、日本映画のなかに与えた。

岡田さんとお喋りをするのは実に愉しかった。会うときはだいたいが先ほどのイタリアン・レストランで、吉田監督といっしょである。吉田さんはわたしが聞いておきたいと思って質問をすれば、自作について一応話してはくださる。しかしそうでないと、めったに映画の話をしない。よくいっしょに論じられるのですが、わたしは大島さんの映画はよく見ていないので知らないのですと、平然と口にされる。一般的に他の人の作品に無関心である。一度、大学で同級生だった藤田敏八《としや》の映画をどう思いますかと尋ねてみたことがあったが、あの方は自分の身丈にふさわしい映画をいつも撮られていましたねという言葉しか引き出せなかった。話題はもっぱら文学、それから阿部良雄や宮川淳《みやかわあつし》といった、ごくわずかだが親しかった友人の思い出にかぎられている。しかし、それはわたしにとってはぜひ聞いておきたいことでもあった。宮川さんとは面識がなかったが、阿部良雄はわたしが大学院生のとき、ブルトンを読むおっかない先生で、わたしを「ユリイカ」に紹介してくださった恩師である。

吉田さんがしみじみと思い出話をしている間、岡田さんはじっと待っている。そして彼の言葉が途切れ、しばらく沈黙が（まるで天使が横切るという表現のように）訪れるとみると、さあ出番だといわんばかりに、お喋りを開始する。

映画界では誰をサンづけするか、誰をチャンづけするかは、ほとんど瞬時にして決まってしまうのよ。レンちゃんはレンちゃんだし、絶対に三國さんだとか、連太郎さんではありえない。ルリ子はチャンもサンもなく、ただのルリ子。こないだ、ちょっと気の利いた感じのブティックが代官山にあって、フラッと覗いてみたのね。そしたら、何ていうのかしら、ちょっとセンスのいい女がいて、サングラスをしていて、なんだか雰囲気があるのよねえ。いったい誰なんだろうってよくよく顔を覗き込んでみたら、なんとルリ子じゃないの。わあー、ルリ子！　まあ、マリコ！　思わずお店のなかで抱き合っちゃったわ。お店の人や他のお客さんたちは、いったいどう思ってらしたでしょうね。

こんな感じでお喋りが尽きない。吉田さんはそんな岡田さんを、ニコニコしながら眺めている。

あるとき、彼女はいった。ちょっと今から地下鉄に乗ってみようと思うの。

地下鉄？　そうなのだ。わたしは彼女が大女優であり、大スターであることを、すっかり忘れてしまっていた。わたしやわたしが日常に接している人間のように、気楽に地下鉄に乗ることなどありえない。現にレストランだって、いつも個室ではないか。

岡田さんはすぐに運転手に連絡し、今日はもういいですからといった。本当に地下鉄に乗る気なのだ。しかしもし車内で誰かが目敏く彼女を発見し、ガヤガヤと人が騒ぎ出したらどうすればいいのだろう。イギリス人はたとえ目の前にビートルズがいても知らないふりをするかもしれないが、日本人はそうではない。誰かが彼女に向かって指差したり、不用意に話しかけたりしたら、どう対処すればいいのか。

結果的には何も起きなかった。銀座線の乗客は礼儀正しかった。いや、他の乗客に対し無関心だったというべきかもしれない。そして岡田さんは満足していた。わたしはふと思った。彼女が最後に地下鉄に乗ったのはいつだったのだろうかと。

吉田喜重監督は『鏡の女たち』を2002年に発表した後、二度と劇映画のメガホンを手にすることがなかった。彼はその後、80歳を過ぎてからアレクサンドリアに旅をし、ヒトラーの右腕であったルドルフ・ヘスを主人公に、実に不思議な長編小説を発表した。彼は89歳にして逝去した。

岡田さん自身からは、実はもう一本くらい撮ってほしかったという話を聞いたことがある。悲劇のヒロインではなく、コメディエンヌ、つまり喜劇女優としての自分を十二分に表現するフィルムを遺しておきたいという希望である。わたしは吉田監督が、どうあってもそれを撮るわけがないと知っていた。完璧主義者であった彼は、『鏡の女たち』の結末部で、かつての『エロス+虐殺』の画面を正確に真逆の構図で撮影し、それをもって自分の全映画の終止符としていたのである。

吉田監督が身罷ってしばらくして、生前の彼を偲ぶ会合がホテルの一室を借りて開かれた。岡田さんはいくぶん顔にやつれこそ出ていたが、悲嘆を振り切るような姿勢で、堂々と挨拶をされた。ああ、これが彼女の最後の舞台なのだ。

わたしは会に集った人たちの顔ぶれをぼんやりと眺めていた。わたしより年長の人はどれくらいいるのだろうか。実はもはや数えるほどしかいなかった。プルーストがあの大長編の最後の方に、ただぽつりと「時は破壊する。」と書き付けたことが思い出された。だがそれは同時に、偉大なる時の成就かもしれないのだ。

会場では招かれた人たちが一言ずつ、自分が一番好きだった吉田監督のフィルムについて話すという約束ごとがあった。わたしは『煉獄《れんごく》エロイカ』という、いまだに難解すぎてほとんど人が論じることのない作品について、簡単に話をした。1970年に発表された映画だが、そのなかでは1952年の武装革命闘争の回想があったかと思うと、1980年、つまりまだ到来していない未来までが描かれている。そこではあらゆる過去の記憶が封印され、かつての革命家に国家的栄光が授けられている。封切り当時高校生であったわたしは、この作品のもつ強烈なアイロニーに太刀打ちができなかった。

この集いでのスピーチのため、久しぶりに観直してみて思ったのは、このフィルムのもつ恐るべきアクチュアリティだった。元首相が白昼演説中に射殺され、現首相をめがけて危険物が投げ付けられる。大気のなかに憎悪が遍在しているかのように見えるのが、現在という時間なのだ。『煉獄エロイカ』にはすでにこの危機的な状況が予告されている。われわれはいまだに、いや、より正確にいうならば、ようやく『煉獄エロイカ』の時空に到達したといえるのではないだろうか。

岡田さんはこのフィルムの結末部で、まだ開業直後であったと思しき地下鉄高島平《たかしまだいら》駅のがらんとした空間に立ち、「わたしはわたしの神さまであったものをぶちに行く」と、謎めいた科白を口にしている。その意味が、今でもわたしには解けない。

いったい制作されてから半世紀以上が経過したというのに、いまだに解けないでいるフィルムなどこの世に存在しているのだろうか。ブニュエルもゴダールも、みんな解けてしまった。『煉獄エロイカ』がいまだに解釈困難なアイロニーのもとに留まっていることは、日本映画においてまさに奇跡だというべきであろう。そしてその奇跡のただなかにあって、岡田茉莉子はいまだに威厳ある巫女《みこ》を演じているのである。

葉山三千子

70歳まで生きてきて後ろを振り返ってみると、愉快な思い出もあれば、悲痛な思い出もある。とりわけあまりに早く亡くなってしまった人のことを考えると、今でも心が痛む。かと思うと、人こそ知らねど生涯にさまざまな情熱を体験し、今まさに人生の彼岸に渡ろうとする人に出逢ったときには、つい姿勢を正してしまい、何か大きな言葉、白鳥の歌にふさわしいような〈真実〉を聞いておきたいと、切に思うようになった。こちらの年齢のせいだろうか。

スタンダールは『恋愛論』のなかで情熱恋愛を説いたが、それは時間が経過するにつれてしだいに弱まり、やがては消滅していくものだと信じていた。これに対し真正面から反論したのがシャトーブリアンで、男性が女性に抱く畏敬の念は一生涯変わることがないと自伝のなかで書いている。失恋の連続であったスタンダールが永遠なる愛という考えに懐疑的なことは、理解できなくはない。ただシャトーブリアンが愛の不滅という考えに到達するまでには、若き日に彼を知った女性が彼の思い出を心の奥深くに留め、死にいたるまで愛を信じていたという事実が、少なからぬ意味をもっていたはずである。人は誰しも、自分の体験からしか学ばないものなのだ。

あるときわたしは気が付いた。わたしがその顔のなかに、言葉と仕種のなかに何か神秘的な魅力を感じ、深く知るにあたって畏怖の感情を抱くにいたる女性にはどこか共通するところがある。わたしは自分の無意識にある傾向に、以前から何かを漠然と感じていた。李香蘭、重信房子、岡田茉莉子……と、ある偶然から知己を得た女性たちのことを順々に書いていくうちに、少しずつそれが具体的な形をもって認識されるにいたった。わたしを魅惑してやまない女性たちには、漠然といって三つの条件がある。そのうちの一つにみごとに合致する人もあれば、三つのすべてを備えているような人もいる。いずれにしてもわたしはこの三つを契機として、彼女たちが造り上げてきた世界に導かれてきたのであった。

1　わたしがまったく知らない、あるいは片言しか話すことのできない外国語を、美しくかつ流暢《りゅうちょう》に話すことができること。わたしは北京語の児化韻《アルか》を際立たせた捲舌音《けんぜつおん》や、火の粉が飛び散るような激音をもつモロッコのアラビア語をかたわらで耳にするたびに、自分がこれまで一度も口にしたことのないこうした音声が、眼前にいる女性の咽喉《のど》と唇によって実現されているという事実に深い驚異を感じ、たちどころに魅惑されてきた。その言語を自在に操ることのできる女性の背後に、わたしは自分が垣間見たこともないような不可思議な人生を想像し、つきせぬ夢想にとりつかれてきた。

2　朝鮮や台湾、南洋諸島、またとりわけ満洲国といった、旧大日本帝国の領土や属国に出自をもっていたり、境遇においてこうした地域と深い関係にあること。これは1と重なり合うことでもあるが、その女性が自分にとって他者であるという真理が際立って理解できればできるほど、わたしは彼女を神秘的な存在として受け取ってしまう傾向がある。

3　谷崎潤一郎に縁があったり、彼の作品の愛読者であること。わたしはいつごろからか、谷崎潤一郎の世界に深く迷い込んでしまい、すると不思議なことに、谷崎世界の近傍にいる人々に、おのずから心が向かうようになった。というよりも、ある人に強く心惹かれることがあって調べていくと、その人の生涯のどこかに谷崎が重要な道標《みちしるべ》として登場していたと気付くことが多くなった。村上春樹や大江健三郎の愛読者では、こうはいかないような気がしている。

今回はこの三つの要素のなかでも、とりわけ最後のものを強烈に生き抜いた女性について書いておきたい。わたしにとって出逢うこと自体が奇跡であったような、〈魔性〉の女性である。

28歳のサラリーマン譲治がふとしたことから浅草のカフェの女給、15歳のナオミを家に引き取ることになり、広いアトリエがある洋館で不思議な同棲《どうせい》生活を始めることになる。ナオミは下層階級の出のようだが、西洋人との混血を思わせる美貌とみごとに伸びた肢体をもっている。譲治はまだ成熟していないナオミをバスタブに入れて丁寧に洗ったり、水着から男もののシャツ、ハリウッドの女優が着るようなナイトガウンなどを買い求め、彼女に着せては慈しむ。二人の間には自然と肉体関係が生じるが、官能の悦びを知ったナオミはやがて複数の男友だちの間を渡り歩き、主人公を嘆かせる。怒り心頭に発した譲治はひとたびナオミを追い出すが、その直後から彼女の残影に悩まされ、後悔に心を蝕《むしば》まれる。

ナオミは戻って来る。だが彼女はその瞬間から譲治を心理的に屈服させてしまう。彼を性的に焦《じ》らした上で、女王然としてその上に君臨する。いつしか譲治はそうした屈辱を快楽として受け入れるようになっていく。

関東大震災の直後、関西へ移住した谷崎が、翌年の1924年に新聞連載した小説『痴人の愛』の粗筋である。執筆時の作者は37歳だった。

間もなく胸に浮かんで来たのは、さっきのナオミの、あの喧嘩をした時の異常に凄《すご》い容貌《ようぼう》でした。「男の憎しみがかかればかかる程美しくなる」と云《い》った、あの一刹那《せつな》の彼女の顔でした。それは私が刺し殺しても飽き足りないほど憎い憎い淫婦の相で、頭の中へ永久に焼きつけられてしまったまま、消そうとしてもいっかな消えずにいたのでしたが、どう云う訳か時間が立つに随《したが》っていよいよハッキリと眼の前に現れ、未《いま》だにじーいッと瞳を据えて私の方を睨んでいるように感ぜられ、しかもだんだんその憎らしさが底の知れない美しさに変って行くのでした。考えて見ると彼女の顔にあんな妖艶《ようえん》な表情が溢れたところを、私は今日まで一度も見たことがありません。疑いもなくそれは「邪悪の化身」であって、そして同時に、彼女の体と魂とが持つ悉《ことごと》くの美が、最高潮の形に於《お》いて発揚された姿なのです。

わたしは14歳のとき、月ごとに書店から配達されて来る日本文学全集の一冊で、まったくの偶然からこの『痴人の愛』を読んだ。そのときの衝撃はいまだに忘れることができない。本来であればサッカーやフォークギターに夢中になっているような年齢である。わたしはこの恐るべき小説に描かれたナオミなる女性を通して、男女の性に潜む魔性の存在に覚醒していくことになった。はたしてそれが幸福なことであったかどうかは、今にいたるまで判断することができない。だが偶然はそれだけでは終わらなかった。それから30年ほど後の1996年、わたしははからずもこのナオミのモデルとされた女性に出逢い、彼女の最後の日々に立ち会ってしまうことになったのである。

その女性は和嶋せい子といった。わたしが長い間教鞭を執っていた大学で、訪問すべき研究室を間違えてわたしの部屋に飛び込んできた女子大生の話がきっかけとなって、わたしは入院中の彼女のお見舞いに行くことになったのである。

その経緯は相当に複雑なので、わかりやすく説明するのが至難の業なのだが、簡単にいうと、東《ひがし》陽子というこの学生の遠い親戚にあたる、せい子伯母さんなる女性が、現在骨折で入院している。あまりに高齢すぎて係累もなければ友人知人もいない。自分がときおりお見舞いに行くとひどく悦んでくれ、実の孫のようにかわいがってくれる。昔は女優だったと本人はいうのだけれど、どんな映画に出ていたのか、知識のない自分はうまくお相手をすることができない。もしよければ、ひとついっしょにお見舞いに行って、せい子伯母さんの話を聞いてあげてほしい。およそこのような話を東陽子はした（実は彼女はその後、本書で一章を費やして語るべき華麗な経歴を築き上げることになるのだが、それはまた別の物語である）。

わたしが黙って話に耳を傾けていると、東陽子はさらに言葉を重ね、恐るべき事実を語り出した。せい子伯母さんは昔、谷崎潤一郎の「愛人」で、関西でずっといっしょに住んでいた。その後に、酸素会社に勤務する和嶋という男性と結婚した。それが自分の祖父の弟である。二人は睦まじく長い結婚生活を続けたが、伯母さんは10年前に夫に死なれてしまったので、実の姉を頼り、その息子夫婦の家に厄介になることになった。

実はこのあたりがややこしいのであるが、せい子伯母さんの姉というのが千代、つまり谷崎の最初の夫人で、夫人の妹をすでに家に引き込んでいた谷崎は、ご両親のお世話をなさいとか、もっともらしい理屈をつけて、平然と夫人を追い出した。千代は谷崎と佐藤春夫との間のすったもんだの駆け引きの後、とうとう佐藤夫人となってしまった。

ここでせい子伯母さんに話を戻すと、いくら血縁の家とはいえ、年を取ってからの突然の居候はどうにも居心地が悪い。90歳になるともう耐え切れないと思って、佐藤家の息子夫婦の家を出てしまった。独り暮らしは気楽である。その年になっても銀座を歩くときはハイヒール姿だった。だが転倒して腕の骨を折ってしまい、現在は病院で療養中であるという。

東陽子はこのせい子伯母さんに同情を寄せている。わたしも興味津々だ。話を聞いているうちに、問題の人物の正体が少しずつわかってきた。彼女ははたして『痴人の愛』のナオミのモデルの女性なのだった。ということは、若き日の谷崎が映画に熱中し、岡田時彦のデビュー作となる『アマチュア倶楽部《クラブ》』（1920）なるフィルムの脚本を執筆、みずから制作したとき、主演女優として起用した伝説の女優、葉山三千子《みちこ》だということでもある。日本映画界最初の女優の一人。これは映画研究家としてお見舞いしない手はない。わたしは東陽子に案内され、梅雨に入ろうとする6月初旬、池袋の病院を訪問した。

せい子伯母さんは六人部屋の一番隅の寝台に横たわっていた。わたしたちの訪問に気付くとゆっくりと軀を起こし、半袖のシャツ姿のわたしを認めて、今から海に連れてってくれるのかい？　泳ぎに行くのかい？といった。

わたしは簡単に自己紹介をし、つい近くのデパートの地下で求めたトロの握《にぎ》り鮨《ずし》をお見舞いに差し出した。彼女は包装紙を見るや、なんだい、西武じゃないかと、ちょっと馬鹿にするようにいった。鮨は向島にかぎるといい、ある鮨屋の名前を出した。伯母さん、もうそんな昔のお鮨屋さんなんて、空襲でとうになくなってますよと東陽子。彼女がただちに向島という地名を出したのは、関東大震災の前には、隅田川の東岸に総ガラス張りの日活撮影所があったからだと、わたしにはわかった。

『アマチュア倶楽部』（1920）の葉山三千子

それから雑談が続いた。せい子伯母さんはひどく痩せていて、手も腕も皺《しわ》だらけであったが、顔立ちには凜《りん》としたものが感じられた。わたしたちの訪問を歓迎していた。わたしは前もって、彼女が70年前に出演していたフィルムの写真と映画雑誌の記事を複写して携えてきた。それを彼女に渡すと、しばらくじっと眺めていた。何かを思い出しているような感じだった。そこへ看護師が通りかかった。あら、お婆ちゃんが女優さんだったって、本当だったのねと、彼女はいった。せい子伯母さんは少し自慢げな顔をしていた。

わたしは背の低い男は嫌いでした。彼女は突然、そういった。谷崎潤一郎のことである。どうやら少女時代、何もわからないときに一度だけ軀を許したことがあったらしいのだが、それ以後は警戒して、一度も近寄らせることがなかったらしい。とはいえ谷崎は夫人である千代を追い出し、その妹である彼女が20代になるまで同居していたのである。思うにこのあたりで谷崎が感じた欲求不満の感じが、『痴人の愛』の後半ではうまく写し出されている。ナオミは譲治の前でこれ見よがしに着替えをしたり、蠱惑《こわく》的な仕種を見せるのだが、肌には一切触れさせようとしないのだ。

せい子伯母さんはそれ以上、谷崎のことは口にしなかった。それよりも自慢そうに話したのは、芥川龍之介から一度だけだが恋文をもらったということだった。芥川は彼女が声楽の勉強をしたいというと、ただちに学校への推薦状を書いている。文学的盟友の義妹に対し、明らかに好意を抱いていた。でもね、谷崎の周辺にいて一番美形だと思ったのは今東光《こんとうこう》でしたと彼女は語った。もう本当の美少年。

わたしたちは面会を半時間ほどで切り上げた。せい子伯母さんは別れしなに、早くここを出たい。出たらいっしょにビフテキを食べに行きましょうといった。伯母さんって、本当にビフテキ大好きなのねと、東陽子。そういえばと、わたしは思い出していた。『痴人の愛』を中学生時代に読んだとき、そこに描かれている性愛場面とは別に、ナオミがビフテキが大好きで、あるときなど3皿をペロリと食べてしまったという描写があったなあ。1960年代中ごろ、東京の一般家庭に育った子供にとって、まだまだビフテキは贅沢なご馳走だった。やっぱりせい子伯母さんはナオミなんだと、わたしは改めて思った。というより、90歳を過ぎていまだに向島の鮨とビフテキを食べたいという、彼女の生きんとする意志に感動した。この分だと、骨折が治ったら退院できるだろう。

わたしの予想は外れた。わたしたちが病院にお見舞いに行った2週間後、せい子伯母さんは亡くなってしまった。1996年6月23日のことである。翌日の新聞の死亡欄で、わたしはそれを知った。彼女の享年は正確には94であると記されていた。朝毎読三大新聞がそろって「ナオミのモデル」和嶋せいさん死去との訃報を掲載していた。

葬儀に参列したのは20人ばかりの人々である。姉の嫁ぎ先である佐藤家の縁者と亡父の親族が大部分であった。かつて「婦人公論」で対談したことのある瀬戸内寂聴から、大きな花輪が届いていた。映画関係者の参列はなかったが、最晩年の彼女の肖像画を描いた画家木下晋《すすむ》の姿もそこにあった。

後になってわたしは木下さんから、せい子伯母さんが稀有の超能力者であったことを教えられた。手かざしをすると、たいがいの病人は痛いところが治ってしまうというので、京都のマキノ映画に移籍してから大評判となり、治療を求める映画人が相次いだという。現に自分も腰が悪いといったら、すぐさま手を背中に這わし、何かをグイと摑み取るような仕種をされた。それですっかり痛みがとれてしまったのですよと、木下さんはいった。そういえば、東陽子も子供のころに法事の席でお腹《なか》が痛いといったとき、伯母さんに和らげてもらったことがあったと、わたしに話してくれたことがあったなあ。

わたしは通信社の記者に連絡をとり、追悼文を執筆した。日本最初の女優の一人、葉山三千子の業績を讃えたその文章は、岡田時彦と共演したフィルムのスチール写真とともに、全国あちこちの地方紙に掲載された。残念なことに、せい子伯母さんが出演した十数本のフィルムは、『アマチュア倶楽部』も、『雛祭《ひなまつり》の夜』も、『浅草紅団《くれないだん》』も、一つも現存していない。わずかに何枚かのスチール画像が残っているばかりである。

東陽子はその後、リヨンの演劇学校に学び、パリを中心に現代音楽と舞踏、パフォーマンスの世界で華々しい活躍を続けている。ときおり日本に戻り小さな舞台に出演するが、会場はいつも熱心なファンによっていっぱいになってしまう。最近も泉鏡花に材を得た舞台を披露した。

ずっと後になって彼女から、せい子伯母さんの遺品が慶應幼稚舎のバザーに出されたと聞いた。慶應というのはおそらく、姉が嫁いだ佐藤春夫のご令息が慶應義塾大学で心理学の教授を務めていた縁からだろう。それで、どんなものが出品されたのだろうと、わたしは尋ねた。ひょっとして芥川からの恋文などが発見されたら大事件ではないかと、心ひそかに期待しながら。東陽子は答えた。何も、とりたてて大したものはなかったみたいですよ。フェイクの宝石とか、お祭りの縁日で売っているような、安っぽいアクセサリーみたいなものばっかりで……。

水原紫苑

水原紫苑《しおん》はいつもわたしを当惑させる。ハラハラさせる。大丈夫かなと、ついつい心配になってしまう。

いきなり連絡が来る。

「今、30年ぶりにパリに来ちゃったのだけど、カルチェラタンに気に入った部屋があるので、買ってみようかなと思って。でも、みんなに反対されてるんですけど。」

「ええっ？　どの辺？」

「サン・ジェルマン・デ・プレの教会の近くで、建物の最上階で、お値段がこれこれしかじか。」

「値段のことはわからないよ。でもさあ、滞在ヴィザとかどうするの？」

「ええーっ、今は観光だからノーヴィザだけど、家を買うのにヴィザがいるのかしら？」

「だって、きっと不動産屋さんだって相手にしてくれないよ。」

「行きつけのカフェで、とても仲良しになった人が大家さんなのだけど……。」

「それとこれとは別。僕はパリで大家と何回も喧嘩したことがあるからいうけど、フランス人はどんなに親しくても、お金となると冷酷（われながら、ちょっと偏見が混じったいい方?）。」

「じゃあ、もうちょっと考えてみようかな。」

ジェラール・フィリップ生誕100周年でいろいろ催しごとがあるというので、久しぶりに訪れたパリでの出来ごとである。ご贔屓《ひいき》俳優の墓参りという目的はどうやら達成できたようで、「ジェラール様友の会」のメンバーとも親しくなり、あちこちで芝居を観たり、ちょっと浮気をしてフィレンツェに出かけたり、2カ月半の滞在をすっかり満喫したらしい。それですっかりパリが気に入ってお部屋を買っちゃおうという話になった。後で本人から聞いてみると、仮契約までしていたという。危ない、危ない。何も焦ることはないよ。もっとパリを知ってから、つまりパリの意地悪なところもちゃんと見てからにしても遅くはないよと忠告をしたのだが、出費のことは別として、外国で不動産を所有するというのは、それは面倒なことなのだ。わたしは絶対に反対をしておいてよかったと思う。

そうかと思うと、こんなことがあった。

現代詩の大御所がわたしにいきなり電話をかけてきた。怒り狂った声である。なんでも水原紫苑が年長の彼の忠告を聞かず、無礼なことをしてしまったらしい。ああ、またやっちゃったんだなと、わたしは思った。彼女はときどき、まったく無意識のうちに約束を反故《ほご》にしたり、直前になって重大事をキャンセルする常習犯だ。わたしもあるとき腹が立って、2年間ほど口をきかないということがあった。またこの病気が再発したのだ。

パリから戻って来た紫苑ちゃんと会ったとき、なんとなくこの話になった。大御所、怒り心頭に発してたよというと、さすがに少しクシュンとしている。人を介して詫《わ》びを入れようとしたのだが、大御所の怒りは解けなかったようだ。しかし本人は次の瞬間にはもうケロリとして、別の話をしている。あのねえ、パリでパゾリーニの『テオレマ』の舞台版というのを観たけれど、少しも面白くなかった。観客も昔に比べてレベルが落ちたみたいで、どうでもいいところで笑ったり拍手したり。そこでパリのアパルトマンを買おうかな、という話にまた戻るわけだ。どうも老朽化した部屋で、改修費が馬鹿にならないらしい。くわばらくわばら。

何年か前のことだったが、水原紫苑は横浜の恐ろしく眺望のいい高台にある自宅を改築した。パリと日本を往還している大女優の家のすぐ近くだ。夕暮れどきにベランダに立つと富士山の影に夕陽が沈んでいくのが見えるという、すばらしい場所である。昔から海辺では夕陽を愛でるのは貴族、昼顔の花を愛でるのが火夫。少女はただ磯辺で海星《ひとで》を見つけ遊んでいるというのが短歌の世界では約束ごとらしいのだが、水原紫苑は夕陽なのだ。わたしは一度、招かれて、カレーライスをご馳走になった。まだ愛犬さくらが生きていた時分で、寝室の布団の上に堂々と鎮座坐《ま》しましていた。

邸宅の入口には一体の黒々とした彫像が建っている。戦前に横浜で蒲鉾《かまぼこ》会社を創業し、社会的に成功した祖父の像だという。なるほど家屋が滑り落ちないでいるために、この彫像が牽引《けんいん》しているというわけか。眺望がいいというのは、換言すれば家が絶壁の上にあるということだ。それ以来わたしには、ご両親を見送った後、絶壁の家のベランダに愛犬とともに佇み、毎夕独りで落日を見ている彼女のイメージが焼き付けられてしまった。

わたしは短歌についてほとんど素人なのであるが、歌集を贈られてやはりハラハラした思いで頁を捲った彼女の歌を一首、ここに引いておきたい。

ちちははの交はりを見し十歳のわれは極光放ちたりけむ（『快樂《けらく》』）

性の真実を知ったとき、少女の軀からオーロラのような強烈な光線が発せられる。まるでデ・パルマのホラー映画『キャリー』（原作はスティーヴン・キング）ではないか。

紫苑ちゃんはまずわたしの犬を懐《なつ》けた。というよりも犬の方が率先して彼女に近付き、離れようとしなかった。新年会のときだったか、お花見のときだったか、とにかく大勢の客がいるなかで、さっと彼女の方へ向かっていったのだ。「犬人《いぬじん》」という言葉があるのかどうかは知らないが、長年愛犬とともに暮らし、犬が大好きである人間を、犬はさっと嗅ぎ分けて寄っていくのである。

水原紫苑に最初に会ったときのことは、憶えているようで、よく憶えていない。

わたしがまだ30代で月島の長屋で気楽な独り暮らしをしていたころ、十人くらいが大挙して遊びに来て、大宴会になったことがあった。なぜかTシャツ姿の、ひどく幼げな顔つきの女の子が一人交じっている。ちょっと顔が『伊豆の踊子』の内藤洋子に似ている。

でもどうしてこんなところに子供がいるのだろう。誰かの子供なのかな。

わたしは少し不思議に思ったが、話してみるとその子供はものすごく利発である。本居宣長《もとおりのりなが》の桜の歌って、どうしてあんなに下手なのでしょうとかいっている。何日か経って、その夜の客の一人とお喋りをしていたところ、彼女も似たような印象をもったらしい。どうして子供が交じっていたのかしら。ところが、それが水原紫苑だった。というのもそれからしばらくして、彼女がＴＶの「日曜美術館」に、みごとに着物を着こなして登場しているところを目撃したからである。へえー、こんな人だったんだあ。

後になって彼女が大学院でラシーヌを専攻し、パリでは神父さんの読書会でアウグスティヌスに挑戦していると聞いて、わたしは再度びっくりした。

水原紫苑が歌人であるという事実はどう考えたらいいのだろう。短歌には定型がある。どんなに荒唐無稽なことを詠んだとしても、ちゃんと枠組みとなる音律がそれを保護して、詩的言語としての装いを保証してくれる（どんなに頭の悪いテリア犬でも、ちゃんとテリアのフォルムをしているのと同じだ）。これが現代詩の世界だったら、ひょっとして輪郭が崩れ、目も当てられないことになってしまうかもしれない。水原紫苑は定型に庇護《ひご》されているからこそ、自分の夢想のままに、言葉を自由自在に操作することができるのだ。

わたしには彼女の歌集は、すべてアンソロジーであるように思われる。一首一首が強い自律性をもっているため、絨毯《じゅうたん》の織り模様のように互いに重なり合いながら、歌集全体が底深いメッセージを放つというふうにはならない。自律性とは換言すれば断片性であり、かつては短歌を根拠付けてきたはずの共同体への帰属意識の不在だといい直してもいい。もう少し簡単にいうならば、好きなことを好きなふうに詠めばそれが歌になるということだ。だから水原紫苑を好きな人は好きだろうし、嫌いな人は嫌いという事態が生じる。

短歌雑誌を読んでいると、よせばいいのに水原紫苑を一生懸命罵倒している女性歌人がいる。

彼女が頻繁に用いる語彙をズラリと書き出し、その凡庸さは彼女の才能の欠如を意味していると結論している。なんという徒労だろう。あ〜あ、歌人の世界は羨望と嫉妬で大変なのだなあという感想しかわたしにはない。水原紫苑にその話をしたら、本人はこの論考の存在をそもそも知らなかったようで、だからといって関心を寄せるわけではない。人が自分を何といおうがまったくどうでもいいのだ。そのとき彼女の心は、女性歌人がジェンダー問題をどう捉えるかという問題に夢中になっている。やがて水原紫苑編による女性短歌のアンソロジーが贈られてきた。

アンソロジー作成者としての水原紫苑は傑出していると思う。師であった春日井《かすがい》健のアンソロジーを編む水原紫苑は冴えわたっている。とりわけ彼の晩年の作品のどれを採り、どれを捨てるかといった手つきにおいて、わたしは感動を覚えた。

春日井健についてはもう一つ、彼女は「銀河」という短編小説を発表している。主人公の「私」は師匠の告別式のため名古屋に赴き、横浜の自宅に戻って来てから不思議な夢を見る。師匠が美少年の姿となって現れ、冥界ではいろいろな人と再会できたのだが、三島さんにだけは会えずにいると告げるのだ。斬首された首がどこかへ飛んで行ってしまったからだ。なんとかその首を捜し出してほしいといい残し、師匠の霊は消える。

泣きながら目が醒めた「私」がふたたび眠りに就くと、今度は三島由紀夫の生首が現れて、彼女の咽喉からお腹のなかに、するりと入り込んでしまう。「私」は三島さんに師匠に逢ってもらうためには、この生首を産み落とさなければいけないと思う。そこで覚悟を決めて森のなかを進み、銀色に光る川の畔《ほとり》で下着を取ると、水に跨がって出産する。生首は川に落ち姿を消してしまう。血みどろの身を岸辺に横たえた「私」は師匠に向かって、もう自分のことは忘れてほしいと話しかける。

「私は先生を忘れません。それでよろしいのです。人は星を見上げても、星は人を見ないでしょう。」(「銀河」『生き肌断ち』)

壮絶な短編である。能楽の夢幻的な語りが、ここではグロテスクなトロンプ・ルイユ(騙し絵)のように用いられている。全身血だらけになって主人公が産み落とす生首とは何だろうか。それが水原紫苑本人の短歌作品の隠喩だと解釈してしまうと、あまりに理に落ちすぎているような気がする。それは何かわからない、巨大な恐怖への情熱のようなものではないか。奇怪な夢を短編の素材にするというのは、『夢十夜』の夏目漱石以来、近代文学ではトポスになった感があるが、とてもこれは男性には書くことのできない、いや見ることのできない夢だ。

すっかり感心しながら、つれづれに彼女の若いころの歌集『うたうら』の頁を捲っていると、次のような歌があった。

虎の母虎を生みたる血のしづか　さくらの森が吸ひし夕焼け

後半が凡庸に収斂《しゅうれん》しているため損をしている歌であるが、前半はすばらしいと思う。この歌が詠まれたとき、まだ春日井健は健在で、後に歌集が合本となった際に解説を書いていた。この歌にはすでに、「銀河」の原型が顔を覗かせている。いや、むしろこういうべきか。『うたうら』、つまり歌の占いを実現させるべく、師匠の死後、「銀河」は執筆された。予言はみごとに実現した。であるとすれば弟子が果たすべきなのは、星辰の彼方に住まう師匠の鎮魂である。

水原紫苑は春日井健の全作品を前に、堂々と歌を選んでみせた。だが同じアンソロジーを編むにしても、山中智恵子の場合には事情が少し異なっている。山中の18冊の歌集から秀歌を選んだという体裁なのだが、撰者《せんじゃ》は『夢之記』からは一首も削ることなく、完本を採った。昭和天皇の死を契機に、短歌において天皇制を廃絶するにはどうすればいいのか。和歌から訣別《けつべつ》したはずの短歌は、古代的なものといかに対決するべきか。こうした重厚な問いを含むこの歌集を前に、歌の取捨選択が困難であったためだと、わたしは推測している。

水原紫苑は山中智恵子において、本当の意味での他者に出逢ったのではないかと、わたしは考えている。自分とはまったく違う世界の存在だと思い知らされたのだろう。好きなものを好きに断片にし、好き勝手に賞味するという、いつもの手法が通じない。そこでアンソロジストであることを放棄して、『夢之記』の完本を選歌集に収録した。わたしはこの選歌の放棄を、彼女の聡明さの表れだと考えている。

歌は苦手だと弁明しながらもここまで書いてきたのだから、わたしはやはり水原紫苑本人の歌について、襟《えり》を正して感想を書いておくべきではないかと思う。白河夜船だと揶揄されるのを覚悟しながら、自分の考えを述べておこう。

あるテクストが別のテクストの記憶を呼び覚まし、作者から離脱して、読むことの予想もつかない快楽を読者にもたらす。今から半世紀ほど前にフランスの前衛文学論者たちが唱えたこのインターテクスト性という考えは、水原紫苑の短歌を読む際に、わたしに理解の手がかりを与えてくれる。福島泰樹《やすき》のような、あまり本を読みそうにない歌人の場合には決して起きることのない事態だ。だがときにそれが障害となって、わたしを混乱させる場合も少なくはない。

殺してもしづかに堪ふる石たちの中へ中へと赤蜻蛉《あかあきつ》　ゆけ

最初の歌集『びあんか』にある歌で、初期の代表作の一つといわれている。水原紫苑を論じる者がかならずといってよいほど言及する歌だ。ところがいつまで経ってもわたしは、この歌をめぐって究極の解釈に到達できない悶焦《もど》かしさを感じている。向かい合うたびに核心を逸れてしまって、最初の場所に引き戻されてしまうのだ。

馬場あき子はこの歌をめぐって、石は「永遠に近い時間に立ち向かえる究極のかたち」であり、作者は「この『石』の完璧性に依存したい思い」を抱いているとかつて論じたことがあった。「秋の茜色《あかねいろ》のひよわな生命を守ろうとする祈念のような結句の命令形は、やはりかなしい弱者の自覚である。」(「存在をめぐる思索の詩」『水原紫苑の世界』)わたしにはその解釈は、少々理に落ちすぎているように思われる。

わたしには自分のこの歌への接近困難の原因が何か、だいたい見当がついている。「殺し」、「石」と言葉が連なったとき、ただちに『ヨハネ福音書』の一節を思い出してしまうからだ。不貞を働いた女を石で殺そうとしたパリサイ人《びと》たちを止めた、イエスの挿話である。加えてイヴ・ボヌフォワが「ラヴェンナの墓」のなかでポエジーを硬質の石に喩《たと》えたことが、記憶の底から蘇って来る。そうなると心は夢想の彼方へと飛び去ってしまい、肝心の歌が置き去りにされてしまう。

子供たちが石を投げて、面白半分にアカトンボを殺している。アカトンボはこの厄難に耐えるしかない。静かに耐えているのは石ではなく、アカトンボである。であるなら、むしろ石の方へ積極的に飛び込んでいったらどうだろう。作者はその後、犬たちをはじめ、自分が信頼を寄せる者たちに雄々しき命令を下す歌をしばしば詠むことになるが、この歌にはすでにその原型が窺われる。

もっともわたしの夢想はそこまでである。わたしは混乱し、それから先に進むことができない。石のなかに嵌入《かんにゅう》していく赤蜻蛉を、「銀河」に登場する三島由紀夫の生首の脇に置くことはできるだろうか。この短編の主人公が生首を呑み込み、血だらけになってそれを産み直すように、赤蜻蛉もまた石の内側から生まれ落ちることがあるのだろうか。石は絶対に白いはずだ。わたしには「白い女」という意味の『びあんか』という歌集のなかで、この歌に描かれている赤という色彩が、何か異常な意味を託されているような気がしてならない。

とはいうものの、謎というものは謎のままでいいのだろう。水原紫苑が（オスカー・ワイルドの名文句を引くならば）「謎のないスフィンクス」だと判明してしまったら、どれほどの幻滅がわたしを襲うことだろう。それはちょっと嫌な気がする。わたしはこの赤蜻蛉の一首を、そのまま謎にしておこうと思っている。

寮美千子

寮美千子《りょうみちこ》と最初に出逢ったのは2000年代の初めのころ、イタリアでの勉強を終えて高輪のアパートに住み出してしばらく経ったころだった。

その晩も銀座のガレリア・グラフィカで美術家勝本みつるの個展のヴェルニサージュがあり、二次会やら三次会やらが続いて、その後でひどく酔っ払ったのが三、四人、わたしのところに転がり込んできた。当然、酒盛りが続く。そのとき誰かが連れてきたのが彼女だった。

この顔は懐かしいな。一目見てわたしは親しげな気持ちになった。確かに見覚えがあるという気がした。ところがその口を衝いて出てきたのは、「レオパルディの哲学的対話の本を探しているのだけど、なかなか見つからなくって。」といった言葉だった。レオパルディ？　なんで？

寮美千子は作家である。詩も書けば、作詞もする。絵本を手がければ、少年刑務所で詩の教室もする。とにかく何でもするし、何でもできてしまう。しばらく話しているうちに彼女が天体や鉱物について厖大な知識をもち、宮沢賢治についても一家言をもっていることを知った。ベビーフェイスの陰に女ノヴァーリスが隠されていたのだ。

わたしはこれから寮美千子のことを書こうと思うのだが、まず彼女を「リョーミ」と呼ぶことから始めたいと思う。

リョーミは偉大なる冒険家である。人の何倍も好奇心があり、思ったことをただちに実行。うまくいけば大躍進。うまくいかないと満身創痍《そうい》という人生を送ってきた。

取材の仕事で屋久島に行ったところ、森閑とした古木の間に水があふれ、可憐《かれん》な滝ができている。あまりの美しさについ発作的に服をみんな脱いでしまい、修行者よろしく滝に打たれてみた。ところがここで足を滑らせ転倒。尾骶骨《びていこつ》に罅《ひび》が入ってしまった。しばらくは何ともなかったが、自宅に戻ってからズキズキと痛み出した。別のときには開腹手術で入院。医師が「歩けば歩くほど回復が早い」というのを真に受けて、術後間もなく病院の庭の鯉《こい》にパン屑《くず》をやりに行って俯《うつむ》いた。とたんに激痛。入院期間が大幅に延びてしまった。

まだまだある。深夜に流星群が降ってくるというので、わざわざ八ヶ岳《やつがたけ》に車で行き、収穫を終えた畑に横になり、蒲団《ふとん》（！）を敷いて男友だち（あくまでも友だちだと彼女はいう）と夜空を眺めていた。深夜である。周囲はすべて暗黒。流れ星が次から次に流れて、二人は宇宙の神秘に浸っていた。寒いので蒲団に包《くる》まっていると、突然に強い照明を当てられた。見ると周囲に何人もの人がいて、こちらを覗き込んでいる。近くの農民たちが、朝どれのレタスやキャベツを都心に送るため畑に暗いうちから出てきたのだ。リョーミはびっくりしたが、もっとびっくりしたのは彼らの方だったに違いない。

わたしはこうした武勇伝に満ちた生き方がすばらしいと思う。人生に対する留保がない。やるべきことは一切の躊躇なく実行し、後悔をすることがない。それがいかに大きなことであれ、また小さなことであれ、およそ冒険という行為が道徳的なものであることを、生まれつき知っている。この点で彼女は稀有な人物であるような気がする。

わたしの人生は「ヤブコギよ。」と、リョーミは語ったことがあった。まるで藪《やぶ》のなかを両手で掻《か》き分け掻き分け、漕《こ》ぎ進んでいくようなものだという意味である。当然、軀のあちらこちらに引っかき傷ができる。虫に刺されたりすることもあるだろう。泥濘《ぬかるみ》に足を取られ、飛び出してきた蛇に危うく咬《か》まれそうになったこともある。だがリョーミは平気なのである。いっこうに意に介することがなく、先へ先へと進んでいく。

寮美千子は外務省出身である。それも儀典官室という厳粛きわまりない部署に勤務していた。海外から王侯貴賓が来訪する際に、あらかじめ迎賓館に寝泊まりして落ち度がないかをチェックするという仕事である。エリザベス女王の訪日のときは、それこそ大変であったらしい。しかも彼女は土曜日になるとジーパンで出勤し、外務省始まって以来と騒がれた。

役所仕事に向いていないと思った彼女は、今度は編集者になろうと決意。ある著名出版社の面接試験を受けた。これが一発で合格。審査する側に大詩人長谷川龍生《りゅうせい》がいて、彼女の詩が「ユリイカ」の投稿欄に掲載されたことがあると知ると、ただちに採用を決定した。やがて長谷川は彼女をモデルに詩を書いた。それがあまりに的外れなので思わず笑ってしまったと、リヨーミ。

あのころ、わたしはね、黒い壁に黒い家具の部屋に住んでいて、黒い服しか着てなかったのよね。それなのに龍生さんたらミッキーマウスのぬいぐるみのある部屋なんて妄想したから。じゃあ「ユリイカ」の投稿は続けなかったの。

続けたかったけど、編集の仕事を覚えるのに手いっぱいで、それっきりに。もっとも1991年から衛星放送ラジオ局セント・ギガでレギュラーで詩を書くことになり、7年間で六百篇くらい書いたけど、オンエアしてそれきりだった。最近になってやっと2冊の詩集として出版するという。

そのうち子供の読む本を書き出した。ただちに毎日童話新人賞という賞が転がり込む。普通だったらこれで童話作家としてみごとにデビューとなるのだが、審査委員長に結末部の書き直しを命じられ、「嫌です」と拒否。奨学金を受けてアメリカに行ってしまった。といっても、わたしのようにニューヨークの狭い圏内をうろちょろしていたわけではない。もちまえの好奇心を全開にして先住民ホピ族の居住区に行ったり、スペースシャトルを見学したり、もっぱらアウトドアの探究である。

リョーミの著作はマザー・テレサ探訪のインド旅行記からアイヌを題材にした絵本まで、ボリス・ヴィアン風の戯《ざ》れ歌から大宇宙少年冒険小説まで、実に多岐にわたっている。わたしは知り合ったころに『ノスタルギガンテス』という長編小説を読み、強い感銘を受けた。

新興住宅地に育った一人の孤独な少年が、近くの「森」に生えている榎《えのき》の古木にこっそりと登ってみる。彼は自分の宝物、母親の手で危うく捨てられそうになった恐竜メカを、樹の枝にそっと針金で結び付ける。一瞬にして古木は神聖なる樹木となる。すると、それを知った新興の団地街の住民たちが次々と自分の宝物を、クリスマスツリーのオーナメントのように樹の枝に結び付けるようになる。ガラクタでいっぱいとなった樹は有名になり、撮影されたり、学問的に論じられたりし、とうとう化学処理によって固定されてしまう。原初の無垢が喪《うしな》われてしまったのだ。

初期の寮美千子の小説を特徴付けていたのは、喪失をめぐるノスタルジアである。それはときに宇宙的な規模の夢想にまで膨れ上がることもあれば、鉱物の結晶体のなかに閉じ込められてしまうこともある。わたしは先に彼女が女ノヴァーリスだと書いたが、ある時期までの彼女は、鉱物的想像力を分光器として世界を認識することを得意としていた。それが一気に混沌とした動的世界へと転じたのが、インド滞在の後に執筆された長編小説『楽園の鳥』においてであった。2004年刊行のこの長編小説は、今のところリョーミの代表作である。

主人公のミチカは30歳代で、文筆を生業としている。彼女はふとしたことからニュージーランド出身のディオンと知り合い、彼に誘われるままにバンコクからカルカッタ（現在のコルカタ）へと流れていく。インドに眠っている年代もののオートバイを国外に持ち出し、アンティック商品として売り飛ばして一攫千金《いっかくせんきん》を目指そうというのが、この不良外国人の狙いである。ミチカはそのために金を工面し、尽力を惜しまない。だが計画は失敗する。ディオンは彼女を利用するだけ利用すると、あっけなく彼女を捨てて行方を晦《くら》ませてしまう。

ミチカはひとたび東京に戻るが、ディオンへの思いを断ち切れない。苦心惨憺《さんたん》してバンコクに渡り、安宿でディオンに再会する。彼を自分の方へ振り向かせるためには、目的の骨董《こっとう》オートバイを入手するしかないと考え、単身カルカッタに向かう。彼女にはディオンがその場その場で口にする嘘を見抜くことができない。

ミチカはカルカッタでは親切なインド人や日本人に助けられ、もう少しで計画が実現しそうになる。だがここでもまた別の不良外国人アーロンに引っかかる。ミチカは彼に対しても献身的にふるまうが、この男は幼児的な性格の上にドメスティック・ヴァイオレンスの性癖がある。アーロンを救済するにはただ一つしか方法がない。汚穢《おわい》の都カルカッタから引き離し、清浄な大気に満ちたヒマラヤへ連れて行くことだ。ミチカは彼をネパールへと連れて行く。だがアーロンは聖山でも何も学ばず、あいかわらずアルコールに耽溺《たんでき》しては暴れまくる。ミチカは全身青痣《あおあざ》だらけになってしまい、絶望に苛《さいな》まれる。

小説の冒頭で、ミチカは奇妙なものを目撃する。飛行機がカルカッタに着陸したとたん、乗客のインド人たちが我先に外へ出ようとしている。そのうちの一人が背中の麻袋に金髪のビニール人形を乱雑に括《くく》り付けている。たぶん娘へのお土産なのだろう。その人形が座席に引っかかってしまった。男は前に進めず、背後から怒号を浴びせかけられる。怒ったディオンがいきなり人形を蹴り上げる。インド人は前のめりに倒れ、人形は腕が捥《も》げてしまう。

さりげない光景であるが、やがてこの人形がミチカの分身であることがわかってくる。いや、そればかりか、祝祭が終わると惜しげもなく大河に流される女神ドゥルガーの、おびただしい数の人形も、ミチカの分身であることが判明する。

話に聞く「楽園の鳥」には脚がないという。脚がないから、いつも羽搏《はばた》いていなければならない。他の鳥たちが樹木に抱かれ、安らかに眠っているときも、休みなく風に翼を拡げ、風のなかで眠らなければならない。ミチカはひょっとして自分はこの楽園の鳥ではないかと疑う。

読者はここまで読んできたとき、当然のようにその先をこのように期待するのではないだろうか。ミチカがアーロンを捨て、現世の欲望を超越したとき、初めて彼女は魂の解放に達するだろうと。だが寮美千子はそのような凡庸な結末を主人公に与えない。500頁を超えるこの長編は、ミチカがアーロンを連れて東京に戻るところで幕を閉じるのだが、それでもアーロンは夜になるとひどく酔ってミチカを殴り、それを反省しない。聖地への旅はいっこうに通過儀礼の役割を果たしていないのだ。もっとも注目すべきなのは、その直前、二人がガンガー（ガンジス河）の河口を訪れる場面だろう。

かつてガンガーは天界を流れていた。ところがあるとき、一人の牟尼《むに》が自分の瞑想《めいそう》を妨げた兵士たちの侵入に怒り、彼らを紅蓮《ぐれん》の炎に包んで燃え上がらせてしまった。兵士たちはすべて灰燼と化したが、地上の水だけではとてもその浄罪ができない。王族の者たちはいく世代にもわたって修行を積み、ついに天のガンガーを地に降臨させる許しを得た。ガンガーの女神は気が進まなかったが、最高神ブラフマーの命とあればしかたなく、地上に降り立った。シヴァが長髪でもってこの女神をひとたび受け止めた。長い歳月の末にガンガーの流れは兵士たちの灰に達し、彼らの乱暴狼藉《らんぼうろうぜき》の罪はようやく贖われた。それがこの河口の謂《いわ》れなのだと、地元の食堂の主人が語り、ミチカは興味深く耳を傾ける。

「ここには祈りがある。ここには歓びがある。深い祈りも、水と戯れる歓びも、光り輝きながら空と海へと溶けていく。」

ミチカとアーロンは汚穢と暴力に満ちた現世に留まり続ける。彼らは至高の天を目指しながらも、そこにけっして到着できず、永遠に飛び続ける。救済ははるか彼方にあり、確実ではない。飛び続けることを歓びとして、戯れとして受け入れることでしか、生きる術はない。

『楽園の鳥』は1年ほどにわたって「公明新聞」に連載され、単行本として刊行されると泉鏡花文学賞を受けた。わたしは乞われて帯文を執筆した。

「かくも華麗に夢見られた地獄というものが、あっただろうか。これは香り高き南国の花に飾られた、夜の果ての旅の記録である。」

今回の原稿を書くため、わたしはほぼ20年ぶりにこの長編小説を読み直した。書物というものは、長い時間の後に読み返すと、まったく異なった相貌を見せるものである。ああ、女ノヴァーリスがついに衣を脱ぎ捨て、岡本かの子の方へと向かおうとしているのだなあというのが、今回のわたしの感想だった。もし映画にするとしたら、ミチカは往年の左幸子《ひだりさちこ》さんだろう。救済は語られていない。ただ救済へと向かう強い意志がここには予感されている。岡本かの子の『生々流転《しょうじょうるてん》』では、主人公の女学生はみずからの愚かさを充分に弁《わきま》えていた。進んで泥水のなかに身を委ね、路傍で乞食《こじき》に身を落とそうがいっこうにそれを恥じることなく、世界に存在するすべての過剰を肯定してみせていた。『楽園の鳥』の主人公もまたどこまでも愚かであり、愚行という抵抗しがたい力に翻弄されて生きているが、一歩一歩、このかの子的な肯定の力の傍へと近付こうとしている。ただそれはかの子に比べ、あまりにも苦痛に満ちた、困難な足取りである。

そういえば、ふと思い出したことがあった。新聞に連載中、たしか主人公の名前は作者と同じ「ミチコ」になっていたはずだ。でもさあリョーミ、それじゃあ普通すぎやしない？　西洋だったら女性の名前は「マリア」とか「エルサ」とか、「a」で終わるのが多いから、「ミチカ」にしてみたらどう？　わたしが冗談にそういうと、彼女はあっさりと「ミチコ」を「ミチカ」に変えた。

この偉大なる長編にわたしは、こうして小さな貢献をした。これはちょっと威張りたい気持ちだ。もっともその返礼というわけなのか、リョーミは一つ、小さな悪戯をした。ミチカがカルカッタで出逢う日本人の若者を名付けるにあたって、わたしの本名を用いたのである。わたしはそれを発見して愉快に思った。

さて普通だったらここで物語が完結するところだが、リョーミの場合にはそうはいかない。実はここまでが人生のパート1、つまり前置きで、それから先が本格的な大活躍となるのだ。紙数の都合で掻い摘《つま》んでしか書けないのが残念だが、ここからのパート2がものすごいのである。

『楽園の鳥』で小説家として認知されたリョーミは結婚し、奈良に移った。その後もコンスタントに小説家の道を歩んだかというと、実はそうではない。奈良に落ち着くと、植物が根を拡げて成長していくように、予想もしなかった大展開を見せた。

まず彼女は奈良遷都1300年を記念する地域キャラクター、「まんとくん」のために、「まんとくん音頭♪」を作詞し、「ならまち大冒険」という童話を新聞に連載した。地元の仏教界に信頼を取り付けると、『信貴山《しぎさん》縁起絵巻』や『東大寺大仏縁起絵巻』を素材に次々と絵本を執筆した。さらに奈良少年刑務所に講師として通い、受刑者に詩を書いてもらうというプログラムに関わった。

生まれてこのかた文字を綴る機会などほとんど与えられてこなかった少年少女は、詩といってもどう書いていいのかがわからない。だったら自分の好きな色について書いてみたらと、リョーミがヒントを与えた。こうして『空が青いから白をえらんだのです』という合同詩集が編まれた。それが契機となって彼女は旧奈良監獄の保存を強く主張し、国の重要文化財に指定されるまでの道筋を作った。

現在のリョーミはノスタルジックな喪失感からはるかに遠いところに立っている。楽園に向かい、独り傷ましげに飛ぶ鳥であった時期もとうに終わりを告げた。言葉を奪われてきた者たちがもう一度言葉を回復するには、自分は何をすればよいのか。少年刑務所の受刑者との出逢いは、彼女にこの大きな問いを与えた。

わたしはこのエッセイの冒頭で、リョーミに初めて逢ったとき、この顔は懐かしいなという気持ちを抱いたと書いた。確かに見覚えがあるという気がした。今、記憶を辿りつつ、その理由を考えてみた。町に一軒しかない本屋さんが家ごとに注文を受けると、毎月決まった日に雑誌を届けていたころのことだ。『小学二年生』とか『たのしい四年生』といった学習雑誌の表紙で、ニコニコと笑っていた女の子の顔。あれだ、あの顔だと、わたしは思い当たった。ひょっとしたらリョーミはそういったモデルをしていたのではないか。

ヨンシル

2000年はわたしにとって記憶すべき年だった。大学院で論文を書き上げただちに向かった韓国からもう一度招かれ、二度目の滞在をした年であったからである。

21年ぶりのソウルは、何もかもがすっかり変わっていた。まず都市の大きさが2倍以上になっていた。大河漢江《ハンガン》の南側に、広大な新市街が発展したためである。相次ぐ軍事独裁政権の時期に死刑を宣告され、その名を口に出すことすら勇気のいった金大中《キムデジュン》が、民主化された国家の大統領となり、ノーベル平和賞を受賞した。かつては禁止されていた日本の映画や音楽が堂々と公開されるようになった。地下鉄の東大門《トンデムン》駅では、ある日突然、地下鉄の壁すべてが、『風の谷のナウシカ』の巨大なポスターで埋め尽くされた。デパートの外壁には、これも巨大な中山美穂の垂れ幕が掲げられていた。

だがそればかりではなかった。映画誌研究家であるわたしは後になってその重大さに気付くのであるが、この年には韓国映画界に革命的な衝撃を与えた大作『JSA』が公開されている。

このフィルムが契機となって、これまでの韓国映画とは発想も規模も違う新人監督が輩出し、世界映画史に記憶されるべきニュー・コレアン・シネマの時代が到来するのである。旧世界が没落し、新世界が勢いよく出現する。そんな転形期のソウルに、わたしは4カ月、滞在したのだった。

わたしを招いたのは漢江の南側にある中央大学校の大学院である。日本文化研究と映画研究の二通りの学生を前に、現代日本の映画について講義をするというプログラムで、学生の大半は女性だった。

あるとき、いつも一番前の席で熱心に講義を聞いていた学生の姿が、なぜか見えなかった。不思議に思っていると、遅れて教室に駆け込んできた。「先生、キムタクが結婚しました！」彼女がそういうと、教室中はたちまち蜂の巣を突《つっ》いたような騒ぎとなった。「相手は誰だ？」「クドーです。」「クドーだけではわからないよ。シズカか、ユウキか。」「そこまではまだ確認されていません。」

当時の韓国では、SMAPでもっとも人気の高かったのは草彅剛《くさなぎつよし》だった。彼は独学で韓国語を学び、金大中大統領とTVで対談したときも、カタコトだが韓国語を口にした。わたしの印象では、キムタクはナンバー2だった。だがそのキムタクの結婚という速報が舞い込んだおかげで学生たちは異常な興奮に包まれてしまい、講義は続けられなくなった。わたしは痛快な気持ちでこの混乱を眺めていた。後になってわたしは、香港では号外が配られたと知らされた。日本のアイドルたちは、いつの間にか、東アジア全体のアイドルと化していたのである。

わたしはこうした親日的な雰囲気の漂うソウルで、ヨンシルと出逢った。韓国映画文学学会という場所で、「日本映画における在日韓国人表象」という発表をしたとき、通訳を担当してくれたのが彼女だったのである。

ヨンシルは日本名を金光英実《かねみつひでみ》というのだが、ソウルではもっぱら「ヨンシル」と、ある親しさを込めて呼ばれていた。彼女は静岡に在日韓国人の娘として生まれ、大学でスペイン語を専攻した。不動産鑑定士の資格を取得し、東京の広告代理店に勤務。これに飽き足らず、ソウルの延世大学校の語学堂で韓国語を学んだ。本書で書いた鷺沢萠のちょうど3年後、１９９６年のことである。

鷺沢は半年で体調を崩して帰国してしまったが、ヨンシルは1級から6級までの語学コースを完璧に修了した。そればかりか、さらに大学院に進んで社会学を専攻した。韓国のマンハッタンと呼ばれる汝矣島《ヨイド》の証券会社にしばらく身を置いた後、「現代日報」や「中央日報」の日本語サイトで編集に携わり、誠信《ソンシン》女子大学校で日本語教師として教鞭を執った。韓国に住み続け、ソウルで仕事をすることを選んだのだ。

わたしの二度目のソウル滞在は、このヨンシルに先導される形で展開されていった。めっぽう明るくて、気さくで、行動的で、つねに親しげな眼差しをもった女性であるヨンシルは、その時点ですでにソウルに6年居住しており、驚くべき人脈を築き上げていた。

わたしたちは、在日朝鮮人として新潟から北朝鮮に渡り、さらに近年そこから脱北してきたという実業家と食事をした。かつて高麗の首都であった開城《ケソン》を本貫とする名家を訪れ、伝統のキムチの作り方を教えてもらった。元従軍慰安婦が共同生活を送っている「ナヌムの家」に行き、何人かの老女たちと話をした。南大門《ナンデムン》市場の一角にある「ブランド品」専門店で、いかにもミッソーニそっくりのカーディガンを発見し、さっそく愛用に及んだ。ソウルはみごとに大衆消費社会と化していた。陰気で抑圧的な軍事独裁政権の時代を思わせるものは、何もないように見えた。もしわたしがこうした新時代の印象を強く受けたとしたら、それはもっぱらヨンシルに導かれて街角を歩き回ったおかげである。

ヨンシルとの交際は、わたしが日本に帰国した後も続いた。ソウルで、東京で、さらにニューヨークで、わたしたちは再会し、お互いの近況を語り合った。わたしが大病を患ったとき、彼女はひどくぶ厚い韓国料理のレシピブックを、わざわざ手荷物のなかに入れてプレゼントしてくれた。

どうやら話を聞いていると、大変に忙しいらしい。大学院生のころにアルバイトで始めた韓国ドラマの日本語字幕つけが、なかば本業となった。数えたことはないけれど、これは何百本手がけたのだろうという。ひと月に二篇三篇を掛け持ちするというのはザラで、同じイケメンの俳優が主演するドラマを二篇、並行して字幕をつけていると、どちらの話なのか、迷ってしまうことがある。とりわけ役名に今はやりの名前がつけられていると、どれも同じような対話をしているのでまったく手に負えないと、彼女は嘆いてみせる。

さまざま手がけたドラマのなかに、『雲が描いた月明り』がある。李朝時代と思しき宮廷社会を背景にした、孤独に悩む皇太子と、幼いころから男装をしてきた美少女の内官との間の、くすぐったいような恋と憧れの物語だ。もとより広東《カントン》の粤劇《えつげき》から日本の宝塚まで、東アジアの大衆芸能における衣装交換、ジェンダー交換の問題は、わたしには興味津々の主題であるのだが、当座の仕事に追われ、現代日本であまりに評判を得てしまった韓国ドラマになかなか接近できないでいるのは残念としかいいようがない。もっともヨンシルはこうしたメロドラマの科白翻訳に特異な才能を発揮したのだろう。

ある時期、彼女は、かつての日本の少女漫画家に似た、恐ろしい多忙さのなかにいた。ソウルの新しい地区、江南《カンナム》にある映画館に、いっしょに封切り作を観に行った直後である。劇場を出た瞬間から、彼女の携帯電話は立て続けにコール音を鳴らした。わずか2時間半オフにしていただけで、いくつもの通話が待たされていたのである。わたしたちはヌオヴィッシマ(イタリア語で「ナウい」)なイタリア料理店に入ったが、その間も携帯電話は休みなく鳴り続けた。

ヨンシルがどれだけ多くの仕事をしてきたことか。わたしはつねに彼女の仕事の多彩さに驚かされてきた。

韓流TVドラマや韓国映画の日本語字幕を制作することはすでに書いた。だが、そればかりではない。日本の雑誌に韓国のグルメとエステについてコラムを書く。汝矣島で、飼い犬の名前を借りて「うっしー」なる日本の地酒専門の居酒屋を開いた。まさに変幻自在なのだ。

あるとき、いっしょに本を作ろうという話になった。語学の本である。というといかにも真面目そうに聞こえるが、実は韓国語のタメ口の指南書のことだ。

一般に日本で刊行されている韓国語の会話教本やNHKのTV放送での教科書は、礼儀正しく、丁寧な言葉遣いを学ぶように作られている。日本語でいうならば、「おはようございます」「ありがとう」「どういたしまして」といった会話ばかりである。けれども現実にソウルに長く住み、自然と親しくなった人が増えてくると、どうしてもそれでは形式的すぎて支障をきたすことになる。「オッス！」とか、「どうもどうも」とか、「ウッソー」といった表現がどんどん会話のなかに入り込んでくる。ところがそうしたタメ口のための会話教本がない。だったらいっそのこと、自分たちで作ってしまおう。こうしてわたしとヨンシルは、『ためぐち韓国語』

（平凡社新書）という新書判を共著で出した。

といっても、わたしの韓国語はもとよりきちんと勉強したものではない。その上、長い間使っていなかったので、すっかり錆びついている。10年にわたりソウルに住み、学生言葉の最前線で生きてきたヨンシルとは比較にならない。彼女がリードして、「あらっすむにか」（わかりますか）の代わりに「あらっち?」（わかったぁ?）を、「こまぷすむにだ」（ありがとうございます）の代わりに「こまお」（ありがと）を項目として採用し、わたしが解説風のエッセイをつけた。「きんか」（イケメン）、「なわ」（出てきな）、「やまどら」（むかつく）といった若者言葉は、おそらくどの韓日辞典にも登場していないだろうし、これからも登場することがないだろう。この本は日本の韓国好きの間では少しばかり話題になり、重版になった。韓国人の日本語学習者がそれを手に取って、腹を抱えて笑っていたという話を聞いた。

この10年ほどの間ヨンシルは、さらに活動の射程を拡げた。エンタメ小説から韓国現代史の裏側を描いた実録ノンフィクションまで、さまざまなジャンルの翻訳を手がけるようになったのである。たとえばイ・ジュソンの『殺人の品格』は、脱北者の手になる、北朝鮮社会の凄惨な実態の告発本である。李《イ》大根《テグン》の『帰属財産研究』は、徴用工問題をめぐって経済学者が執筆した、韓国法制史に関するひどく硬質な書物である。こうした翻訳書がわたしのもとに送られてきたときにはさすがに驚いた。たとえ日本語であっても、わたしにはとうてい理解しようもない専門的な内容だったからである。

「ねえ、ヨンシル。ソウルに住み出して、もう相当長いじゃない。日本に帰ることは考えたことはなかった?」

あるときわたしは尋ねてみた。

「それはなかった。でも東京のミッションスクールで学生生活を送っていたとき、一度、帰化を思い立ったことはあった。大学を卒業する直前、友だちといっしょに就職試験を受けたのだけれど、韓国籍であるというだけで書類選考の段階で落とされてしまった。そのときだったと思う。それにわたしは子供のときから、とにかく韓国的なものは何から何まで大っ嫌い!だったからね。でも3年間、日本に留まっていることとか、帰化にはいろいろ条件がうるさくて。おまけに近所の人たちに聞き込みがあるっていうじゃない。それを聞いてゾッとして、面倒なのでやめてしまった。ソウルに長く住んで、ソウルの人脈のなかで仕事をしていると、つい考えてしまう。もし日本に戻ったなら、これと同じレベルの人脈を新しく作り上げなければならないのだって。」

なるほどと、わたしは頷《うなず》いた。だがその直後に彼女がいった言葉を、わたしはいまだに忘れることができない。

「日本人に化けるのも韓国人に化けるのも、実は簡単なことなのよ。」

ヨンシルは笑いながら、二通りの身分証明書を見せてくれた。一つは日本における外国人登録証で、彼女はいかにもナチュラルメイクといった感じの、さっぱりした顔立ちをしている。ミッションスクールでスペイン語を専攻し、西洋美術に憧れている女の子という雰囲気である。もう一つは韓国での在留資格認定証明書、つまり一般にいう滞在許可書で、そこにはいかにも韓国風にべっとりとルージュを引き、アイシャドウを強く入れた、当時の典型的な韓国の女子大生の写真が貼られている。

このときの言葉はよく憶えている。何しろ金大中政権によってアニメを含む日本文化がどんどん解禁になり、先にも書いたように東大門の地下鉄駅構内の壁という壁が、いっせいに『風の谷のナウシカ』の画像で埋められた年のことだ。日本と韓国の文化的距離はどんどん小さくなろうとしていた。もっとも女性のメイクはまったく違っていた。日本ではナチュラルメイクが一般化していたが、韓国ではナオミ・キャンベルに倣って、濃く強い化粧をすることが流行の最先端だった。韓国への滞在を重ねながら、少しは韓国人と在日韓国人の心に近付くことができたのではないかと気楽に思うようになっていたわたしは、このヨンシルの思いがけない言葉に動揺した。

ヨンシルはけっして声高に人を非難したり、憎悪や軽蔑の言葉を口にしたりしない人物である。だがあっさりと口にされたこの言葉に、わたしは強い印象を受けた。日本人と韓国人とは、たかだか流行のメイキャップの違いにすぎない。このように冗談めかして断言できるまでに、彼女が東京で、そしてソウルで、どのような体験を重ねてきたのか。だがそれを直接に尋ねるほどに、わたしは無神経でも傲慢でもなかった。彼女が生きてきたことの深さを、このあっけらかんとした言葉は告げていた。

日本の富裕な階級に生まれながら、祖母が朝鮮半島出身だと知ってから、在日韓国人問題を自分の小説のなかに取り入れようとした鷺沢萠とは一度しか逢ったことがなく、それもきわめて納得のいかない結末だったのだが、この著名な作家についてどう思うと、ヨンシルに尋ねてみた。

ただちにメイルで返事が来た。仕事の打ち上げで出かけて行った、ハノイからである。

「私は鷺沢さんの『ケナリも花、サクラも花』も李良枝さんの『由熙《ユヒ》』も両方読んだことがある。詳しい内容は忘れてしまったけれど『由熙』を読んだときは、さすが在日韓国人の書いた作品だけあって、日本から現地韓国に着いてからの苦しみの描写にものすごく共感できた。一方で鷺沢さんの作品は軽すぎて、全然共感できなかったのを覚えている。正直にいって、在日韓国人としては不愉快かな。『韓国が好きだから血が入っていてうれしい』と思うのなら別だけど、小説の素材として見ているだけなら失礼だよ。これは何の悩みもなく育った人が考えることじゃない？　在日韓国人のように『自己のアイデンティティに悩んで育った人』に対して、配慮が足りない。

　韓国料理店でのふるまいに関しては、『自分はこれだけ韓国に詳しい』と粋がっていたとしか見えない。まあ、わたしも二十歳代のころにはそんな生意気な面もあったから、まったく理解できなくはないけれど、ただ在日韓国人のお店であんなふうに韓国語で話すことはしなかった。韓国語で話すことには躊躇いがあった。わたしは彼女のような、在日問題を小説の主題とする余裕を持った人などとは、違っているからかもしれない。」

　もし鷺沢萠が今でも生きていたなら、こうした、まったく違う立場から発せられた言葉をどのように受け止めるだろうか。

　ヨンシルは二つの社会の現実を冷静に見つめている。中間にあっていずれにも帰属しない者の存在を認識せよと、声を荒立てることなく唱えている。

「日本人に化けるのも韓国人に化けるのも、実は簡単なことなのよ。」

　この言葉を聞かされて以来、20年以上の歳月が経過した。今でもわたしは、自分がその奥に秘められた意味に到達できないでいると思っている。おそらくヨンシル本人はそんなことを話したことなど、忘れてしまっているだろう。彼女の頭のなかは、目下翻訳している韓流ドラマの科白のことでいっぱいだ。ただわたしだけが憶えている。憶えているどころか、この言葉が確認させてしまった彼女とわたしの間の距離を、内面のなかでどう縮めていけばいいのかを考えている。

神蔵美子

わたしの時代に聖女は出現するのだろうか。わたしは生きている間に、受苦という受苦を通り抜けて清浄な存在と化した女性に出逢うことがあるだろうか。周囲を見回しても熱心な信仰をもった女性はいないわけではない。だが自分の罪障を正面から見つめつつ救済を祈願する女性というのは、小説のなかの人物でしかないような気がしている。

『ヨハネ福音書』に、石打の刑に処せられようとしている女性が登場する。イエスが現れ、石を投げることができるのは、これまで罪を一度も犯したことのない者だけだというと、集まった人々はみんな極《き》まりが悪くなり、いなくなってしまう。もし人間に原罪というものがあるのなら、石を投げることができるのは、「無原罪の宿り」である聖母マリアだけだろう。

こないだの晩は神蔵美子《かみくらよしこ》と風花で遅くまで呑んだ。最後に会ったのはわが家のお花見のときで、その後、あの忌まわしいウィルス騒動が起きたので、4年ぶりである。

風花は新宿五丁目にあるバアで、今から30年以上前に、中上健次に連れていかれたのが最初だった。カウンターの壁には今でも中上の呑みさしのウイスキー・ボトルが並べられている。いつかこいつを思い切って呑んでやろうかと考えているうちに、肝腎の風花が移転してしまうことになった。それも今の店は年の暮れに閉めるという。わたしはただちに神藏を誘った。彼女はすぐ行くと答えた。駆け付けてみると、まだ8時だというのに、店は移転を惜しむ客で混んでいる。彼女はすでにカウンターに座っていた。

時は破壊する。いかなる場所も消える。ただ場所をめぐる記憶は残る。わたしはここで2冊の詩集の刊行を記念して朗読会を開いたときのことを、いつまでも思い出すことだろう。そして神藏は神藏で、ここで出逢った人たちの思い出を、けっして忘れることはないだろう。

わたしたちは呑んだ。わたしはガザの話をし、神藏美子は大賀宏二と千石剛賢《せんごくたけよし》のことを話した。大賀宏二というのは2021年に亡くなった重度の脳性麻痺《まひ》の友人で、彼女はこの人物についてドキュメンタリー映画を企画し、すでにパイロット版を作成している。重度の脳性麻痺にもかかわらず障害者プロレス（ドッグレッグス）のスターレスラーとして活躍し、しかも女装マニアだった人物だ。神藏は仕事をしていた女装誌を通じて知り合ったらしい。千石剛賢とは、今ではもう話題にする人も少なくなってしまったが、60年代から90年代にかけてキリスト教の信仰を独自に説き、「イエスの方舟《はこぶね》」の名のもとに共同生活を実践した宗教家だった。昔からそうだったが、神藏美子は過去を感傷的に振り返らない。現在の自分の生の本質であること、深く自分の心を捉えていることしか話さない。

わたしは思い出した。もう30年以上前の話になるが、千石剛賢師の『隠されていた聖書』が刊行されたとき、わたしは書評を執筆した。日曜の教会で牧師や神父がけっして説くことのないような、ときに反市民社会的にも見える聖書解釈に新鮮なものを感じた。千石師は説く。悪魔というのは人間が忌み嫌う恐ろしい脅威ではなく、むしろつねに心地よい言葉しか吐かない存在であり、聖書を知らない人間であれば百人中百人が見破れないものだ。男にとって一番重要なことは女を愛することであり、要するに女の奴隷になるという意味だ。愛において奴隷になれる者は幸福であるが、現実には人は罪において奴隷になっているではないか。

後にわたしは、こうした千石師の思想が、『聖書外典』の一つである『トマス福音書』に由来していることを知った。『新約聖書』の四編の福音書の陰に隠れ、キリスト教世界ではある時期から異端とされ、手にすることが厳しく禁止されてきた福音書のことである。「その父とその母を憎まない者は、私の弟子であることができないであろう。」「父と母を知るであろう者は、娼婦の子と呼ばれるであろう。」（岩波文庫『新約聖書外典ナグ・ハマディ文書抄』）わたしにはこの『トマス福音書』の警句が、長い間、指先に刺さった棘のように感じられている。

わたしの知っているかぎり、神藏美子はよく聖書を読んでいた。それから千石師の『隠されていた聖書』を繰り返し読んでいる。月に一度は、東京から福岡まで飛行機で行き、彼の説教を聞きに行くことを習慣としていた。わたしが彼に興味があるというと、だったら来月、いっしょに話を聞きに行こうよと誘われたことがある。わたしは期待していたが、その直前になって、千石師が急逝したことを知らされた。面会は実現できなかった。

男女間の出来ごとに疎いわたしは何も知らなかったが、その時期は神藏美子本人が、精神の恐ろしい危機に晒されていた時期でもあった。かつて結婚していた相手と正式に別れ、新しい夫を迎えたはずなのに、心に強い揺り戻しが来る。それは千石師によれば、「悪魔が、人間をがんじがらめにするための、恐ろしい罠《わな》」（『隠されていた聖書』）だった。神藏はこの危機を、千石師の教説によって乗り越えた。

神藏美子と知り合ったのはニューヨークのマンハッタンである。1980年代の中ごろで、わたしはチェルシーのひどく古いアパートメントから地下鉄の一番線に乗り、客員研究員の籍のあるコロンビア大学に通っていた。中上健次はいつも一群の取り巻きに囲まれ、彼らを引き連れてグランカフェに行ったり、三二丁目の韓国料理店街に足を向けたりしていた。

東京から来た写真家、北島敬三を筆頭に、日系人の学生。韓国の新聞特派員。ペルシャ文学専攻の女子大生。著名なイラストレーターの息子。二人の孤児を両手に抱え、その付添人という名目でエアチケットを手に入れ、写真修業にやって来た韓国人。取り巻きはさまざまである。中上文学を専門的に研究しているアメリカ人学生もいたが、誰もが彼の文学に親しんでいたというわけではない。ただなんとなく気が合って、彼の周囲にごろごろと屯《たむろ》っていたのだ。神藏美子はそのなかの一人で、当時は写真学校に通っていた。

写真修業に来た韓国人のイム・ヨンギュンがいった。「ほら、こないだケグリがさあ……。」

「ケグリってなんだよ。俺たちの仲間に蛙《ケグリ》なんていないぞ。」

「いるよ。あいつだよ。ヨシコだよ。目がデカいから、ああいう女の子を韓国ではケグリっていうんだよ。」

「ああ、そうか、なるほどケグリか。」

わたしを神藏美子に紹介したのは、このイム・ヨンギュン（30年後にル・クレジオと共著を出すことになる）だったのか、それとも中上だったのか。彼女の話では、みんなでいきなり彼女のアパートメントに押しかけてきて……というのだが、記憶が定かではない。わたしが到着するはるか以前、4年か5年ほど前から彼女はずっとヴィレッジに住んでいて、新参者のわたしにいろいろと実用的な知恵を授けてくれた。「この辺はお魚はダメね。チャイナタウンはちょっと遠すぎるし。ほら、ブリーカー街ってあるじゃない。あそこにイタリア系のお爺《じい》さんがやってる小さな店があって、そこは悪くないわよ。もっともお爺さんの言葉は、何を話してるのか、まったくわからないのだけど……。」

なるほどケグリだと、わたしは思った。蛙のように生き生きとしていて、いつも何か獲物を狙っている眼だ。でもそれではあまりに酷い表現なので、もう少し別のいい方にしよう。わたしが咄嗟に思い出したのは、家城巳代治《いえきみよじ》の『姉妹』に登場する野添ひとみや中原ひとみのような女優である。この二人はあまりにも似ていて、ときにどっちがどっちなのかがわからなくなってしまうのだが、初対面の神藏美子はわたしに、1950年代のアイドル女優を連想させた。

中上はけして彼女をケグリだなどと呼ばなかった。彼の故郷新宮《しんぐう》には、「神藏」とは一字違いだが、神倉という場所が実在している。神倉神社とは熊野権現が地上に最初に降り立った場所に建つ古社であって、彼はこの駆け出しの写真家の姓を聖所に通じる存在として、ただちに記憶したはずである。

80年代が終わろうとするころ、わたしはバブル真っ最中の日本に帰国した。神藏美子もほぼ同じころにニューヨークを引きあげて戻った。このとき彼女は『ナチュリタ』という写真集を纏めている。学生時代に住んだコロラド州の小さな町を撮ったもので、プールや野山、先住民の絵画、建築現場といった風景がどこまでも続き、生身の人物がほとんど登場しない作品集である。後の彼女の激情あふれる瞬間の写真からは、とうてい考えられないほど、静かな写真ばかりである。

そのときには理解できなかったが、神藏美子はそれなりに長く滞在したアメリカという社会に自分なりの結論を出しておきたかったのだとわたしは思う。その後、90年代の終わりから現在に到るまで、彼女も彼女の写真も大きく変貌した。神藏美子は生の欲動と死の韻律が交差する映像＝エッセイという、独自のジャンルを築き上げた。

ヨモタさん、ひょっとして女装に興味ありますかと尋ねられたのは、バブル経済が弾けてしばらく経ったころである。神藏美子はクラブでアマチュア女装家のエルナ・フェラガ～モに出逢い、女装専門誌の表紙写真を撮っているうちに、この不思議な世界に深い関心を抱くようになった。メイクの専門家に協力してもらい、これまで女装など体験したこともない男たちに女装をさせてみよう。できればそれを写真に撮ってみよう。もし関心があるなら参加してほしいという。

わたしは、これは面白いと直感した。エルナ・フェラガ～モがプロジェクトにスタイリストとして参加していて、彼女がわたしの首回りや肢《あし》の長さを測定した。神藏はわたしに、どのような女性を演じてみたいかと、率直に尋ねた。女装とコスプレは違う。普通に存在していて不思議のない女性で、理想的だという女性のイメージを教えてほしいという。わたしは何人かの女優の名前を挙げた。

撮影の当日は、スタッフ全員が女性だった。結局わたしは、少し前に有名だった女優さんという役回りを演じることになった。白い上着に白いベレー帽。肩の上にミンクの毛皮を乗せ、いくぶん傲慢そうに足を組んでみせる。いかにもおパリ帰りといった雰囲気である。写真はある週刊誌に発表された。

神藏美子が撮影した一連の女装写真は話題を呼び、やがてマガジンハウスから写真集『たまゆら』として刊行された。被写体となったのは赤塚不二夫や団鬼六《だんおにろく》、島田雅彦、蛭子能収《えびすよしかず》、田中小実昌《こみまさ》といった、そうそうたる著名人である。写真家本人の父親もいた。わたしが個人的に知っている人物では、評論家の坪内祐三や、雑誌編集者の末井昭、英文学者の高山宏がいた。出版記念パーティには多くの人たちが来ていた。オスマン・サンコンはいかにも日本の農家の嫁そっくりだといわれ、うれしそうだった。安部譲二は上機嫌で、女装というのは男にはできても女にはできない、いかにも男性的な行為だと、おおいばりで語っていた。

自分がもし女だったらと想像することは、わたしに新鮮な驚きをもたらした。現物の写真を最初に見たときに感じたのは、予想もしなかったことだが、自分は母親の若いころにずいぶん似ているなあという感想だった。わたしは母親に週刊誌を見せた。彼女は最初少し驚いたが、やはり息子が自分の息子であることを再確認できたのだろう、ニコニコとした顔になった。『たまゆら』の刊行でいい気になっていたのは、被写体になった脳天気な男たちだけであったようである。鈍感なわたしは何も気が付かなかったのだが、当の写真家はそのころ修羅場を掻い潜っていた。それを知ったのは、彼女の次の写真集『たまもの』を見たときである。献呈本を手にしたわたしは、思わず自分の軀が後退《あとずさ》りするのを感じた。表紙には神藏美子本人が写っている。彼女は涙が頰を伝わって流れているのにも気が付いていないような、もう少しで崩れかけそうな顔をしている。

『たまもの』とは神より賜《たまわ》りしものという意味である。この場合には、悲痛きわまりないのだが謙虚に甘受すべき、おのれの運命というほどの意味だろう。

すでに夫ある身であった神藏美子は、ある日突然に坪内祐三と恋に墜ちた。そのとき坪内には婚約者がいて、近々挙式となる手配が進んでいた。だが彼は婚約を破棄して神藏を選び、神藏もまた離婚して坪内を選んだ。しばらくは無我夢中の幸福な時期が続いたが、今度は6年後に末井昭という、また新しい男が登場した。このとき坪内は、末井のもとに走ろうとする神藏を引き止めようとしなかった。美子ちゃんはアーティストなのだからといって、嫉妬の表情すら見せず、彼女の出奔を許した。神藏は末井と坪内の間を往還し、心はいつまでも未決定のまま動揺を続けた。その生々しい記録を隠すことなく綴り、その場その場で撮影された写真を添えたものが、『たまもの』という、現代進行形の写真＝エッセイ集だった。

事件の顚末を知ってからもう一度『たまゆら』の頁を捲ると、思いがけない映像に出くわすことになる。坪内祐三と末井昭が女郎に扮《ふん》して並んでいる。二人ともなんだかつまらなそうな無表情である。そのかたわらに、「どんなにしんじつ想《おも》いあう仲でも、きれいで楽しいのはほんの僅《わず》かなあいだだよ、露の干《ひ》ぬまの朝顔、ほんのいっときのことなのよ」と、山本周五郎の「つゆのひぬま」からの引用が添えられている。この引用を示唆したのは、おそらく明治文学全集を独力で編集してみせるほどの読書家であった坪内だろう。わたしやサンコン、安部譲二といった『たまもの』の他の被写体たちの燥《はしや》ぎぶりと比較したとき、この坪内・末井のツーショットは、ひどく苦いアイロニーに満ちている。少し意地悪な見方になるかもしれないが、神藏美子はこの1枚の写真を提示したいがために、他の何十人もの男たちの女装写真を撮影したのではないかという気がしないでもない。

『たまきはる』が世に問われたのは、赤裸々なドキュメンタリー『たまもの』から13年後のことである。カバーには末井昭が写っている。もはや坪内祐三の気配はない。その代わりに、神藏の人生において父性的な役割を担って来た人物たちの映像と言述が、書物の大半を占めている。ここで初めて彼女が大学生時代、寺山修司のもとに足繁《あししげ》く通い、彼の恋愛の相談役を務めていたという不思議な秘密が明かされる。彼女は劇団「天井桟敷」に入団こそしなかったが、寺山のオールヌードを撮影し、写真集に掲載している。

もう一人重要な人物は、作家の田中小実昌である。神藏は彼の短編小説を読んでいて、その背後にある信仰の問題に突き当たった。その結果、小実昌の父親であった田中遵聖《じゅんせい》牧師の説教に到達し、埋もれたままになっていた説教集『主は偕《とも》にあり』の刊行に尽力し、解説を執筆までした。思い込んだらどこまでもとは、彼女のためにある言葉だ。かつて千石師の教説に救いを求めた彼女は、田中牧師の説教をより深く内面で咀嚼し、罪と悪についての思索を重ねている。

『たまきはる』では、すでに物故して久しい過去の人物たちと並行して、現在進行中の、抜き差しならない死の脅威が第二旋律を奏でている。末井昭の大腸に発症した癌への言及。手術で切除した患部のクロースアップ（これはある年の彼女から送られてきた年賀状の画像でもあった）。写真集は複数の生と死を同時に演奏しながら、最終的には最愛の人である神藏美子の父親の七回忌によって幕を閉じる。

『たまゆら』『たまもの』『たまきはる』と、3冊の作品集にはいずれも「たま」、つまり魂という言葉が刻印されている。少し大げさな表現になるかもしれないが、写真撮影を通して神藏美子は求道者の生を生きようとしているかのようだ。これはわたしの知っている写真家でいうならば、篠山紀信とは対照的である。新宿の寺の住職の息子として育った篠山さんにとって、写真撮影とは分け隔てのない行為であり、被写体に戒名を与えるのに等しい作業だった。神藏美子は逆である。ひょっとすれば彼女は、わたしが油断をしている間に聖女となってしまうのではないか。

わたしはこの原稿を書くため、久しぶりに『たまもの』と『たまきはる』を読み直してみた。どちらも不用意に触れるならば、いまだに血が吹き零れるような生々しさをもった書物である。この写真集に石を投げることは誰にもできない。ここに生きられた生々しいドキュメントを、誰も軽んじて過ぎることはできないと思う。

石井睦美

　あるときわたしは石井睦美《むつみ》といっしょに京橋の試写室で島尾ミホ原作の『海辺の生と死』というフィルムを観た。いい映画だったと思う。その後、まだ明るい銀座通りを歩いていたところ、彼女が突然に立ち止まってこういった。

「君が行く道の長手を繰《く》り畳《たた》ね焼き滅ぼさむ天《あめ》の火もがも」

「えっ？　今、なんていったの？」

「狭野茅上娘子《さののちがみのおとめ》の歌よ。」

　石井睦美はすごいのだ。こんなのはまだ序の口で、野原を歩いていて桐《きり》の花が咲いているのを発見すると、「あっ、白秋《はくしゅう》！」と平気で口にしてしまう。韻文も散文も自在に呼び出すことができるのだ。わたしはときどき思う。もし彼女が服を脱いだら裸にならず、書物の山になってしまうのではないだろうかと。

ああ、とうとう石井睦美について書くときになってしまった。でも彼女を「神聖なる女友だち」などと呼べば、本人はきっと笑い出してしまうだろう。その姿が予想できたので、書くことをずっと後回しにしてきたのだが、いよいよこの書物を纏めるときが来てしまい、もう逃げ切るわけにはいかない。いささか気恥ずかしい気持ちがないわけではないが、ええい、思い切って書いちゃえ。

わたしが彼女と知り合ったのは、半世紀近い昔のことである。

1980年、韓国での外国人教師の生活を畳み、しばらくロンドンとパリでブラブラしていたわたしは、帰国後に「ユリイカ」から原稿執筆の依頼を受けた。シュルレアリスムの特集号を出すことになったので、ルイス・ブニュエルについて書いてもらいたいという申し出だった。以前、ブニュエルについて同人雑誌に短い文章を発表していたのを、どうやら巖谷國士《いわやくにお》さんが記憶に留めていたらしい。それじゃあヨモタ君にでも頼んだらという話だったようである。

新帰朝者のわたしには渡りに船ともいうべき話だった。当時ロンドンで最前線の映画研究に触れ、興奮して帰国してきたばかり。習い覚えてきた分析の手口を披露してみたくて、腕が疼《うず》いていた。ただちに50枚ほどのブニュエル論を執筆。後に大部のブニュエル論の冒頭を飾ることになった論文なのだが、それがたぶん悪くない出来だったのだろう。「ユリイカ」編集部は次に、来年1年間、映画論の連載はどうですかと提案してきた。

わたしは喜んで引き受けた。何でも書きたくてしかたがなかったときである。試写室に通い出した直後で、まだ映画評論家としては無名。いくつか小さな雑誌にコラム記事を書くくらいしか仕事がなく、TVの洋画劇場の解説やらラジオ・コマーシャルの声の出演とか、とにかく何でもかんでも引き受けていた時期である。毎月40枚の原稿を書くというのは、これまで25メートルのプールでしか泳いでこなかった人間が、いきなり海で遠泳をやらされるようなものだ。最初から自信があったわけではない。だがわたしは嬉々《きき》として1年間の連載をやりとげ、それは翌年、『映像の招喚』という題名の書物として青土社から刊行された。ゲーテ風にいうならば、映画批評家としてのわたしの〈修業時代〉はそのようなものだった。そしてその時代の証人が石井睦美さんだった。彼女はわたしの最初の担当編集者だったのである。

80年代初頭にはDVDどころか、まだヴィデオソフトも普及していない。1本のフィルムについて細かな分析を行なうには、いくたびも上映館を訪れなければならず、映像資料の入手にも大きな困難があった。石井睦美にとっては大学を出て、編集者として出版社に勤め出してすぐの仕事だったはずである。当然原稿は原稿用紙に手書き。スキャンなどという便利なものはないから、欧米の映画の図版を雑誌に掲載するためには、それが掲載されている雑誌や図書から直接複写しなければならない。彼女は毎月、わたしが使用する資料を受け取りにやって来た。

資料はときに鞄いっぱいほどもあり、打ち合わせ場所もアテネ・フランセ文化センターであったり、試写室のロビーであったり、それから当時井の頭公園の近くにあった、わたしの自宅であったりした。相当な重労働ではなかったかと想像すると、わたしは今でも感謝の気持ちでいっぱいになる。

そうそう、ブニュエル論の依頼に彼女がやって来たとき、つまり最初の打ち合わせのときのことを書いておかなければならない。わたしたちは吉祥寺の手前駅、井の頭公園駅で待ち合わせたと記憶している。駅前の喫茶店で話そうとしたが、なんだか狭苦しいし天気もいいので、わたしは彼女を公園に誘い、ベンチに腰かけて打ち合わせをした。

後に彼女が語るところによれば、わたしはそのとき自転車で来ていて、駅前の広場から公園へと通じる石段を、器用にハンドルを握りながらわたしが降りていくさまを「なんてすごいんだろう」と思いつつ眺めていたとのことなのだが、わたしにはいっこうに記憶がない。そもそも自転車に乗って駅に行ったことまで、きれいに忘れていた。ただわたしが憶えているのは、原稿依頼の話が一段落して雑談になったとき、彼女が「いつか童話を書いてみたい」といったことである。不思議なことに、彼女はそれをすっかり忘れていた。人間の記憶とはなんと不思議なものだろう。

ずっと後になって石井睦美が書いた小説のなかに、その井の頭公園が登場する話がある。

主人公は吉祥寺に住んでいる大学生の男の子で、いつもギターを手に自作の歌を好き勝手に歌っている。彼はそれがきっかけでケーキ屋に勤めている女の子と親しくなる。女の子は耳が不自由なのだが、一日中ケーキに囲まれているために、バニラビーンズの香りがする（それにしてもわたしがなんとなくそんなところをおかしく憶えているのは、高校の途中で思い立ってケーキ工場に勤め出したことがあったからかもしれない）。

この女の子には父親はいない。腕の立つ和菓子職人だったのだが、離婚した後、どこかに姿を消してしまったのだ。主人公は彼女といっしょに、京都へ、金沢へと父親探しの冒険に出発する。だがその一方で、才能があるからと、音楽会社からシンガーソングライターとしてデビューしないかと声をかけられてしまい、さあどっちにしようかと究極の選択に立たされる。この男の子がいつも歌っているのが井の頭公園のベンチ、それもわたしが吉祥寺に住んでいた大学生のころ、ほとんど毎日犬を散歩に連れて行った、公園の一番隅っこにある広場のベンチなのだ。

なんだよ、これって。わたしは思わず彼女に電話しようと思ったが、少し考えて、やっぱり止めることにした。『大切なひと』というこの小説に登場する主人公は歌もギターも抜群で、チャップリン映画のように女の子に優しく、とにかくあまりにカッコよすぎて……要するにわたしとは月とスッポンくらい違っている。とうていわたしでは敵《かな》いっこない。この広場のベンチが舞台として選ばれたのはまったくの偶然なのだが、それでも読み終えて気恥ずかしい気持ちになって、今の今まで彼女にはそれを話していない。

でも、まあいいや、話を大昔に戻すことにしよう。

「ユリイカ」の連載が終わってしまうと、わたしは石井睦美と会うことがなくなった。もっともそれまで会っていたといっても、それは原稿と資料の引き渡しが目的であって、ひどく忙《せわ》しない場所であったから、落ち着いて話をしたことなど一度もなかったと思う。80年代の前半、わたしは駆け出しのライターとして、彼女は駆け出しの編集者として、それこそ独楽鼠《こまねずみ》のように東京中を駆けずりまわっていた。その後わたしは留学をし、大学に教員職を見つけ、そして凝りもせず、またしても留学をした。

イタリアの大学町で勉強していたころ、送られてきた文芸雑誌で、彼女が新進小説家としてデビューしたことを知った。一人の青年が銀座の画廊でたまたま謎めいた女性に出逢う。彼女に深く心を魅惑され、同棲までするのだが、その突然の失踪に心乱され、はたして彼女は実在の人物だったのかと、記憶の曖昧さに悩むという筋立ての小説だった。えっ、ひょっとしてこれはあのときの「ユリイカ」の……とわたしは思ったが、同姓同名の別の人かもしれない。その小説の主人公と同じく、わたしもまた自分の曖昧な記憶に自信がもてなかった。

わたしたちが再会するにはさらに10年以上の歳月が必要だった。編集者を辞めて結婚した彼女が、長いブランクの後にもう一度編集の仕事に復帰したときである。彼女は大学の研究室にいたわたしに突然連絡をしてきた。わたしはコソヴォの難民キャンプから帰国した直後だった。

80年代初めに「飛ぶ教室」という児童文学の季刊誌があった。石井睦美はこの雑誌に書いたことで、児童文学者としてデビューした。それが休刊になり長い時間が過ぎたが、このたび復刊が決まった。これも縁だと思い、久しぶりに編集に携わることになった。ついては映画に登場する子供について連載をしてもらえないだろうか。それが電話の用件だった。

わたしは驚いたが、それ以上にうれしい気持ちがした。人生を支配しているのは偶然の女神であり、女神の気まぐれな采配によって人は出逢ったり別れたりする。出逢いは心をときめかすものであるが、一度糸から外れてしまった運命の珠はめったに元に戻ることがない。出逢いはもうそれだけで別れを内側に含んでいるものであって、再会とは稀有なものだ。わたしは長い間に、そう考えるようになっていた。それだけに予期しなかった再会を想うと、慰められる感じがした。コソヴォで見聞した荒涼たる光景に心は疲れていたが、自分はきっと彼女との再会によって何かを回復できるのではないかという期待を抱いた。

わたしたちは23年ぶりに再会した。

わたしは石井睦美の提案を引き受け、またしても連載が開始された。20歳代であったわたしたちはすでに中年に達していて、かつては予期もしていなかったさまざまな体験をしていた。

わたしは大学の研究所で所長を務めるようになり、彼女はいくつかの文学賞を受賞し、児童文学の世界で無視できない存在となっていた。わたしにはまったく不案内な世界であったが、かつて井の頭公園のベンチで呟《つぶや》いたことをみごとに実現させたのだ。

彼女の文学上の師にあたるのは中村真一郎である。わたしはかつてこの大作家に自著を贈り、丁寧な礼状をいただいたことがある。自分の遠縁の親戚が『頼山陽とその時代』に顔を覗かせているというだけで、中村さんには親近感を感じていたのだ。彼女はそれを知って喜んだ。わたしはそのころ彼女が冗談半分に、「わたしは青土社ではマザー・テレサって呼ばれてるんですよ」といった言葉を思い出した。彼女は驚いた。まったく記憶になかったからである。わたしたちは仲良しになった。

連載は順調に進んだ。わたしはチャップリンの『キッド』からトリュフォーの『野性の少年』、シュレンドルフの『ブリキの太鼓』まで、世界中の映画に登場する子供について書き進めた。

あるときわたしは提案した。いっしょに本を書こうよ。これまで生きてきた間に体験した別離と再会について、飼い犬の死でも、転校でも失恋でも何でもいい、お互いに思い出した順番に、手紙の形にして書いてみるというのはどうだろうか。人は再会というけれど、そもそも別離がなければ再会はないのだから、その両方を書き出してみようよ。こうしてわたしたちは

『再会と別離』という本をいっしょに書き、それは新潮社から刊行された。わたしは両親の離婚と大学院生時代の同級生の夭折について書き、彼女は若き日に決定的な影響を受けた中村先生との死別について書いた。それから（ずいぶんと思い迷ったあげくに）自分の離婚について書いた。

わたしはこの本の出来を悪くないと思っているが、彼女に対し、少し申し訳ない気持ちを抱いていると告白しておかなければならない。というのも、彼女が自分の体験した傷ましい苦しみについて、そこまで踏み込んで書くことを予想できなかったからである。しかし彼女はわたしたちが決めた「規則」に従って、身に降りかかったさまざまな別離について誠実に書いた。

わたしはこれから石井睦美の著作について、少し書いておきたいと思う。というのも先に述べた共著では、お互いに自分のことを書くのが精いっぱいで、相手の書いたものについて特に評言することはなかったからである。

石井睦美はたぶんわたしと同じくらい、ものすごくたくさんの本を出している。100冊くらいだろうか。外国語に翻訳されたものを含めれば、数はもっと多いだろう。内訳は多様で、児童文学もあれば絵本もある。海外の絵本の翻訳もあるし、別の筆名で大人向きのシリアスな恋愛小説も書いている。けれどもここでは三つのジャンルの作品についてだけ、書いておくことにする。

最初のものは、子供の眼から見た家族の物語である。二番目は現代の都会に生きる女性を主人公にした、グルメ小説の連作。三番目は児童小説の形はとっているが、中世西洋のアレゴリア（寓意物語）に似た、夢幻的な長編小説である。

最初のジャンル、つまり家庭小説だが、多くの場合、肉親の失踪や出自の秘密の発覚といった事件が中心になって、メロドラマが展開している。『兄妹パズル』という小説がある。二人の兄をもつ、高校生の女の子の物語なのだが、あるとき仲良しの「下の兄貴」が家出をしてしまう。その瞬間から、今まで何でもわかっていたつもりだった兄貴が急に他者であるように思われて来る。同学年の男の子から憧れの眼差しを向けられている兄貴っていったい誰なのだろう。絶対に触れてはいけない秘密がある兄貴って何なのだろう。

わたしは読みながら不思議に思った。石井睦美はたしか一人っ子だったはずなのに、どうしてこんなに二人の兄たちの性格やら細かな話しぶりをヴィヴィッドに再現できるのだろう。あるときわたしはそれを尋ねてみたが、彼女は笑って答えなかった。

『愛しいひとにさよならを言う』という作品では、今度は母親が巨大な謎として現れている。語り手は自分が母親のお腹のなかにいたときのことをきちんと憶えていると信じている、ちょっと不思議な女の子なのだが、その母親というのがさらに一風変わっている。祖母に背いて大学で美術を学ぶと、絵画の修復師として独立。自分は穏やかな家庭を知らずに育ったから家庭をもつのが怖いといい、絵画修復の依頼に来た男性の子供を産んでしまうと、二度と振り返ろうとしない。主人公はひとたび父親を探し出そうとするが、母親のあまりの無関心と冷淡さに呆れ返り、探究を諦めてしまう。ところでこの母親にとっても生涯の敵が存在していて、それは祖母であった。結局彼女は祖母の影から逃れ切れない。また彼女にとってひどく親しい人物が亡くなってしまい、悲嘆に沈む。

先に述べた『大切なひと』もそうであるが、こうした一連の作品に一貫しているのは父親の影の薄さである。父親はいない。早くに亡くなったか姿を消したかのどちらかであり、たとえ苦労をして探し当てたとしても邂逅《かいこう》は一瞬にして、実にあっけなく終わってしまう。石井睦美の描く世界は本質的に父親を必要としていない世界、母親と娘だけで自足できてしまう世界なのだ。

二番目のジャンルは「ひぐまのキッチン」シリーズに代表される、グルメ小説である。といっても奇を衒《てら》った料理をめぐって蘊蓄《うんちく》を傾けるといった、よくあるたぐいのものではない。「ひぐま」、つまり樋口まりあという食品商社の社長秘書を主人公として、ごく普通に日本の庶民が親しんでいる食べ物と、それに喚起された人間関係の親密さを描いた連作である。何しろ冒頭からして常軌を逸している。新入社員である主人公の歓迎会が会社の一室で開かれるのだが、なんと社長が大阪風と広島風のお好み焼きをハーフアンドハーフで注文して平然と平らげてみせるのだ。うちは粉ものの食品商社だから、小麦粉はいくらでもあるよといいながら！

こうしてオムライス、中華まん、ボルシチやニョッキといった食べ物が次々と採り上げられ、それを軸として話が進んでいく。短編の一つひとつが説得力をもっているのは、作者が長い間、実際にそれらの料理を台所で調理してきたからだろう。

この第二のジャンルが第一の家庭崩壊の物語と重なり合ったときに書かれたのが、『キャベツ』である。父親が亡くなり、母親が勤め出したため、中学生の少年が一家の食事をすべて任されることになる。とりあえずはキャベツだ。妹に揶揄われながらも、彼はキャベツを一枚一枚千切りながらサラダを拵《こしら》える。それにしてもこの世の中に、「キャベツ」という題名で一冊の小説を書く人間がいるとは、なんということだろう。

第三のジャンルを特徴付けているのは幼年時代の終わりと記憶喪失、それに訣別という主題だ。そこで問われているのは、母親の胎内のような安息世界の終焉と、その後に続く風荒《すさ》ぶ現実世界の対立であり、記憶とその喪失による危機感である。

『白い月黄色い月』の主人公は記憶をなくした少年で、不思議な島のなかを彷徨《さまよ》っている。いつも白い月光に包まれているこの島では、人々は優しく、風景はどこも美しい。ただ事物の輪郭だけはすべて曖昧だ。ホテルの受付で彼を迎えるのは、全知の存在である不思議な書物であり、まるで人間のように少年に話しかけてくる。少年はなんとか記憶を取り戻そうとして、兎の女の子をはじめ、出逢う女性ごとに話しかけてみる。そのうちに、この島には絶対に足を踏み入れてはならない門があることがわかる。門の傍で鼠の彫刻が語りかける。こっちが偽物の世界で、あっちが本物の世界だよ。門を潜ると、それまでの美しい世界はたちまち消えてしまう。

この島は何なのだろうか。10年前に交通事故で亡くなった少年の母親の憎しみと恨み、後悔が、門のところに溜まっている。しかも彼女は島の中心に留まることを許されず、恐ろしい門の向こうへと追いやられ、謎めいたお婆さんに姿を変えてしまっている。

少年は気が付くと現実世界に戻っている。もはや白い月光はなく、朝の太陽の光が眩しい世界である。彼は島のことを思い出せない。ただペルーの笛をもらい、それが何か自分の冒険に関係のあったものだと、漠然と考えている。

『白い月黄色い月』から13年後に、『ぼくたちは卵のなかにいた』という作品が書かれる。主人公の少年は、両親や友だちとともに、巨大な卵の内側のような町に住んでいる。まるで時間など流れていないかのような、平和で安らぎに満ちた世界である。だがある種の子供たちだけは、13歳になると外側の世界に出ていってもいいという、暗黙の了解ごとがある。少年は仲良しだった友だちとも別れ、突然に荒涼とした世界へワープしてしまい、そこで不思議なペリカンと対話する。汚れた水しかない世界のなかで、ペリカンは少年に「憎しみの崖」という場所の存在を教える。さらに少年は高層ビルの林立する世界を目にし、また普通の住宅地の公園へとワープし、その間に卵の世界にいたころの記憶を失《な》くしてしまう。その世界で彼は両親と称する大人たちに迎えられ、名前のもとに呼ばれている。だがどうしてもそれを受け容れることができず、少年は悩み続ける。

『ぼくたちは卵のなかにいた』はある意味で『白い月黄色い月』の書き直しである。どちらもが母親の胎内に似た、安息感に満ちた世界から失墜した少年の物語である。前者では、その美しき世界を築き上げていたのは亡き母親の悲嘆と後悔であった。後者ではその母親が後退し、象徴的な死と再生を経てなされる世界の転換が、無垢から憎悪への移行という道徳的な色調のもとに語られている。ペリカンとはかつて卵の世界において仲の良かった友だちを含む「子供たち」だったのだ。

こうした仕掛けはこの小説を、幻想小説というよりも寓意小説というべきものにしている。いうなれば子供のために書かれたダンテの地獄煉獄廻りの物語なのだ。小学生にそんな難しいものが理解できるだろうかと思う人もいるかもしれないが、ちゃんと理解できるはずだとわたしはいいたい。14歳のわたしは世界文学全集のなかにたまたま入っていた『神曲』を面白くてどんどん読み進めていったのだが、そこに教訓があることをちゃんと理解できていた。もっとも理解するにはそれなりに条件がある。繰り返し、繰り返し読むことだ。

なんだか立ち入った作品論になってしまった感があるが、わたしがいいたいのは、大ざっぱに「児童文学者」とか「童話作家」というカテゴリーに括られることの多い石井睦美ではあるが、個々の作品には恐るべき主題の拡がりがあるということだ。世に読書家は多く、万巻の書物を読破したと豪語する者は少なくない。もっとも多くの人はたくさんの書物を、たとえ読み切ったとしても、ただの一回ずつしか読まないだろう。とはいえ一冊の書物を繰り返し手に取っては読み直すという読者も世の中には存在している。老人と子供である。わたしは石井睦美の書いた物語を一人の子供が、ときどき寄り道をしてでもいいから、まるで通いなれた道を歩いていつもの知り合いの家に行くときのように、いくたびも読み直している光景を心に描いている。

おわりに

さて、読者のみなさん。『わたしの神聖なる女友だち』は、これで終わりです。本書のもとなったのは集英社発行のＰＲ誌「青春と読書」に2年間、２０２２年4月号から２０２４年2月号まで連載してきたエッセイです。それに加筆改訂を施した後、神藏美子さん、石井睦美さんについての2章を加えて、本書は成立しました。雑誌連載時から単行本刊行時までお世話になった千葉直樹氏にお礼を申し上げます。

取り上げた方々のなかには、「女友だち」などと呼ぶにはあまりにも畏れおおい方々もいらっしゃいます。またもう泉下の人となり、わたくしにとっては自分の魂のなかでしかお会いすることのできなくなってしまった方々も、少なからずいらっしゃいます。けれども、もろもろの些末なことはお忘れくださいさい。谷崎潤一郎先生の口ぶりを真似ていうならば、筆者にとって憧れの対象である「神聖なる女人《にょにん》」について、運よく言葉を交わすことができたという、その思い出を記したものだとどうかご理解くださいさい。もう逢えなくなってしまった方々も、ここに収められた文章を書いている間はなんだかその方々が身近にいらっしゃるような気がして、もっぱらそのことの悦びのために書き続けてきたのですから。
「神聖な女友だち」がこんなに大勢いるのなら、きっと「世俗の女友だち」もたくさんおもちでしょうと、読者のなかには少し意地悪な質問をなさる方もおられるかもしれません。でも、それはご勘弁ください。「ぼくが真実を口にすると　ほとんど全世界を凍らせるだろう」と、かの吉本隆明先生もお書きになっておられます（ちなみにこの方は加藤周一さんとは違い、生涯に一度も「女友だち」という言葉を口にしませんでした）。一介の売文家にすぎないわたくしが、世界を冷凍にしてしまうと考えただけで、剣呑《けんのん》剣呑、そら恐ろしいことではありませんか。世俗のことは世俗に任せ、はるか星辰の彼方を見つめよという詩聖ダンテの教えに従い、今はここで筆を収めようと思う次第であります。

２０２４年10月末日

著者記

四方田犬彦（よもた　いぬひこ）

映画誌・比較文学研究家。エッセイスト。詩人。東京大学にて宗教学を、同大学院にて比較文学を専攻。長らく明治学院大学教授として映画史の教鞭をとり、現在は文筆に専念。著書に『パゾリーニ』『親鸞への接近』『われらが〈無意識〉なる韓国』『日本映画史110年』『世界の凋落を見つめて』など。詩集に『離火』、翻訳に『パゾリーニ詩集』がある。サントリー学芸賞、伊藤整文学賞、桑原武夫学芸賞、芸術選奨文部科学大臣賞など受賞多数。

わたしの神《しん》聖《せい》なる女《おんな》友《とも》だち

集英社新書一二四四B

二〇二四年一二月二二日　第一刷発行

著者……四《よ》方《も》田《た》犬《いぬ》彦《ひこ》

発行者……樋口尚也

発行所……株式会社集英社

東京都千代田区一ツ橋二-五-一〇　郵便番号一〇一-八〇五〇

電話　〇三-三二三〇-六三九一(編集部)
〇三-三二三〇-六〇八〇(読者係)
〇三-三二三〇-六三九三(販売部)書店専用

装幀……原　研哉

印刷所……大日本印刷株式会社　TOPPAN株式会社

製本所……加藤製本株式会社

定価はカバーに表示してあります。

ISBN 978-4-08-721344-7 C0295

Printed in Japan

a pilot of wisdom

a pilot of wisdom

集英社新書　好評既刊

行動経済学の真実
川越敏司　1231-A
「ビジネスパーソンに必須な教養」とまで言われる行動経済学は信頼できるのか？　学問の根本が明らかに。

イマジナリー・ネガティブ　認知科学で読み解く「こころ」の闇
久保(川合)南海子　1232-G
霊感商法やオレオレ詐欺、陰謀論など私たちが簡単に操られてしまう事象を認知科学から考察する。

カジノ列島ニッポン
高野真吾　1233-B
カジノを含む統合型リゾート施設（IR）は大阪の次は東京か。国内外でカジノを取材してきた著者が警鐘。

引き裂かれるアメリカ　トランプをめぐるZ世代の闘争
及川　順　1234-B
アメリカ大統領選でZ世代の分断は更に広がる。全米各地の取材からアメリカの未来を考える緊急リポート。

崩壊する日本の公教育
鈴木大裕　1235-E
政治が教育へ介入した結果、教育のマニュアル化と市場化等が進んだ。米国の惨状を例に教育改悪に警告。

その医療情報は本当か
田近亜蘭　1236-I
広告や健康食品の表示など、数字や言葉に惑わされない医療情報の見極め方を京大医学博士が徹底解説する。

石橋湛山を語る　いまよみがえる保守本流の真髄
田中秀征／佐高　信　1237-A
岸信介・清和会とは一線を画す保守本流の政治家、石橋湛山を通じて、日本に必要な保守主義を考える。

荒木飛呂彦の新・漫画術　悪役の作り方
荒木飛呂彦　1238-F
『ジョジョの奇妙な冒険』等で登場する名悪役たちはなぜ魅力的なのか？　創作の「企業秘密」を深掘りする。

遊びと利他
北村匡平　1239-B
公園にも広がる効率化・管理化の流れに、どう抗えばよいのか？「利他」と「場所づくり」をヒントに考察。

ユーミンの歌声はなぜ心を揺さぶるのか　語り継ぎたい最高の歌い手たち
武部聡志　取材・構成／門間雄介　1240-H
日本で一番多くの歌い手と共演した著者が、吉田拓郎や松田聖子といった優れた歌い手の魅力の本質に迫る。

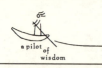